実況 長嶋茂雄

越智正典

毎日新聞出版

（はじめに）

巨人の独走が始まっていた平成一二年夏、友人・樋渡昭氏と、深大寺・山門前、嶋田家で一服していると、彼がひょいと、大昭和製紙時代の上司・大道（中島）信敏氏の話を始めた。近くにお住まいなので思い出したのであろう。

大道氏は、戦前、佐賀商業—早大の遊撃手、戦後は都市対抗で活躍、第二〇回の全国大会では「火の玉」荒巻淳投手からホームランを打ち、久慈賞、美技賞を受賞している。

「先輩は野球を退いてから、本社営業課長、大阪支社長……を歴任されましたが、『八時半の男』でしたよ。但し、朝の……」

お得意さん回りで、めざす会社が始まる三〇分前には、もう着いていたと言っているのである。あの戦後、同じようであった読者も少なくないであろう。

人々は懸命に働き、たまさかの休日にプロ野球のスタンドに座っていた。地方球場の席の仕切りは、一人幅四〇センチ、少し広げても四二センチであったから、お客さんは窮屈であった。プロ野球はこのようなお客さんに支えられて、発展して来たのである。

このことからだけでいっても、ONは今も傑出している。

長嶋監督はパーティーでは、人々の雰囲気を損ねないように、グラスは持っているが、決して飲んだり、食べたりしていない。お客さんに話しかけられたり、挨拶されたときに、口をモグモグさせていてはいけないと考えているからだ。それでいて、人々と楽しそうに談笑しているが、多くの場合、撮影会にもなる。藤田元司氏の野球の殿堂入りのお祝いのパーティーのときも、吉村禎章氏の現役引退の会のときもそうであった。

王監督は巨人の監督であったときに、広島遠征で、当時の巨人の宿舎・広島グランドホテルに着くと、ちょうど婚礼などでホテルに来ていた若いお母さんに、子どもが丈夫に育つように抱いてくださいと、頼まれることがよくあった。王監督の背広は、赤ちゃんのよだれや、食べていた飴でベタベタになった。白倉支配人が「すみません、背広が汚れて」と言うと、「なーに、心配しないでください。お客さんに喜んでもらえればいいんですよ」

ダイエーの監督になってからも、東京ドームでの日本ハムとの試合前に、スタンドのお客さんから、金網の間から差し入れに飴玉を三つもらったことがある。するとすぐに一つを口のなかに入れ、ニコッと笑って手を振った。

ONはお客さんにいつも「ありがとう」と言っている男である。高橋尚子は金メダルに輝いた晩に、シドニーの放送スタジオで色紙を差し出されると、「ありがとうございました」と書いていたが、真の修練が人をつくる。

□　□

私は昭和二六年から五〇年まで放送局に勤めていた。初めに北海道に赴任したが、急行「北斗」が入線した上野駅の隣のホームに止まっていた、室蘭回り千歳行きの占領軍専用列車の窓々だけが明るかったのをおぼえている。

翌朝、連絡船はカツギ屋のオバチャンが乗船し終えると、青森港を出港した。乗船客はだれもが無言である。航海四時間半、函館の立待岬の白い崖が見えた。船は船脚をゆるめ、巴湾に入った。このときから二年後に、北海道で、千葉県佐倉に、長嶋茂雄という遊撃手がいると聞くことになろうなどとは、まさか思ってもみない。

□　□

私が字を書くようになったのは、テレビ局を辞めたあと、夕刊フジ社長（当時）、山路昭平氏に呼ばれたのがきっかけである。氏の祖父は山路愛山である。

演出家は芝居の配役を決めるとき、主役は別だが、端役の「通行人その一」「その二」に、およそそれらしくない男や研修生を起用し、あてはめることがある。私が研修生になれたのは、畏友のひねりのおかげである。感謝に堪えない。

ちょうどその頃、昔の放送仲間、清水幹夫氏が札幌から句を届けてくれた。

「春泥や　饒舌の過去　忘れたり」

私の放送局時代の反省すべき戒めとして拝受した。

改めて、砂押邦信、小野秀夫、王鉄城、荒川博氏はじめ、ご指導・ご高庇をいただいた皆様に深謝申し上げる。文中敬称を略させていただいた。ご寛恕を得たい。

平成一二年一〇月

越智　正典

（もくじ）

装丁／藤山　進

第一章

佐倉一高から立教大学時代

昭和二八―三二年

佐倉一高時代の長嶋選手（後列左から二人目）
（写真提供／篠丸頼之氏）

砂押監督の猛ノック

甲子園にも行ったことがない、全国的に全く無名であった千葉県立佐倉一高の遊撃手・長嶋茂雄が、どうして監督砂押邦信の立教大学に進むようになったのか。運命という作者がいくつもの偶然をちりばめながら不思議な脚本を書いたからだ、としか言いようがない。もし、あのとき、北海道から東京に出張して来た男が、千葉に向かう電車のなかでトイレに行きたくならなかったら。また、もし、男の会社の上司が教育委員長にならなかったら。こう考えるとなおさらのことである。

長嶋が高校三年生であった昭和二八年は、プロ野球のことで言うと、二月に、巨人軍が戦後初めて、アメリカ・カリフォルニア州サンタマリアに遠征し、投手入谷正典がアイスクリームスタンドの娘さんにモテて、キャッチャー武宮敏明がこの遠征で右手手首を痛め、多摩川寮の「鬼寮長」になることになった年であるし、毎日オリオンズが、若い選手の伸び悩みから、立川のアメリカ第五空軍にいた大リーガー、ボストン・レッドソックスの左腕レオ・カイリーと、勤務が休みの日にだけ投げるアルバイト契約をした年である。

また、結団から苦労ばかりしていた広島カープが、四月一日、開幕二日目の主催ゲームを、なんと紅顔の美少年投手、太田垣喜夫（備前、スカウト部長）の母校、尾道商の校庭に持って行くなど、営業に懸命であった年でもある。当日、外野手の後ろに縄を張り、そこから先が外野席であった。入場料は、大人四〇円である。

この年の七月二七日には、NHKラジオが、板門店から朝鮮休戦協定の調印式を実況中継した年でもあった。

野球に関係がある放送のことで言うと、NHKが八月一三日に甲子園球場で始まった、第三五回全国高校野球大会を、テレビで初めて実況中継した年である。松山商業が豪球、空谷泰で優勝する大会である。

□　□

昭和二八年八月一四日、長嶋は、待ち合わせの国鉄（JR）総武本線、御茶ノ水駅に向かっていた。かぶっていた佐倉一高の制帽は、かぶり方のせいか、慶応の丸帽に似ていた。もちろん、彼の高校野球の夏は、もう終わっていた。

この年、佐倉一高は、千葉大会をなんとか準決勝まで勝ち進んだが、準決勝では銚子商業に三対一一で敗れている。それでも四強のなかに入ったので、第二次予選に進むことができたのである。

甲子園行きを決める「本番」大会である第二次予選、千葉県と埼玉県地区の南関東大会は、八月一日、埼玉県営大宮公園球場で始まった。この球場は、関東一ノ宮の氷川神社の森に続いていて、昔から関東地方でもっとも美しく、風情がある球場である。ネット裏のソロの樹が空に向かって伸びている。その木の下がファンにはうれしい「特別席」である。午前七時四五分、熊谷高校、深谷商業、浦和高校、浦和商業、銚子商業、千葉一高、千葉商業、佐倉一高、八校の球児たちが入場行進をした。

第一日第一試合、優勝候補の銚子商業が深谷商業に敗れた。二対六、銚子商業の選手は食中毒にやられていた。

佐倉一高は、第二試合で熊谷高校とぶつかった。一回、佐倉一高の投手奈良誠が、いきなり熊谷高に急襲された。四安打を打ち込まれて三点を失った。奈良は二回から立ち直ったが、佐倉一高は熊谷高の福島郁夫が打てない。

六回になって長嶋が、センター・バックスクリーンに飛び込むホームランを放った。福島はこの一打にびっくりし、一死満塁のピンチに追い込まれたが、佐倉一高はこれ以上押せなかった。長嶋がたたき出した一点だけで、一対四で敗退した。大会は千葉一高が優勝し、甲子園に行った。

長嶋にホームランを打たれた福島は、翌々年「東映フライヤーズ」に入団し、人柄が素朴であったことから、チームメートに「朴ちゃん」と呼ばれて可愛がられた。

退団後、故郷秩父に一時帰って来たが、長嶋が巨人で活躍し、有名になると、長嶋に打たれたんじゃあしょうがない、それどころか、長嶋のチームに勝ったんだ、よくやったっ！　と、秩父や熊谷の人々に敬愛され、熊谷のデパート「八木橋」の外商部長を長く務める。熊谷商業の元監督、橋本哲夫に会うと、福島の話ばかりをする。

「秩父、熊谷の誇りですよ」

打った長嶋は、チームが一回戦で姿を消したこともあって、その一打も、さして評判を呼ばなかった。

もっとも、長嶋の評判は前の年に一つだけあった。長嶋が高校二年生であった昭和二七年の夏に、エース穴沢健一（明大、大昭和製紙）の成田高校が、千葉県から甲子園に行っているが、予選前、母校をなんとしても甲子園大会に出場させたいと、成田高校野球部OB会会長、のちに成田市長になる長谷川録太郎が、南関東各校を偵察に行き、帰って来ると、監督、成田山新勝寺、門前町坂道のなかほどの、一粒丸木内薬局の当主、一〇代目木内喜右ェ門に、

「埼玉県勢恐るるにたらず、要注意は千葉県勢。チームは弱いが、佐倉一高の二年生長嶋の大根切りには気をつけろ」と、報告している。

木内監督は「大根切りか」と、笑った。

これが長嶋についてのたったひとつの評判であり、情報らしい情報とも言えたが、それも、長嶋茂雄のボキャブラリーのなかから得意の一つを借りて言えば、成田と佐倉「隣組」のなかだけでのことであった。後年の「二死満塁の鬼」も、いまだ南関東でも無名の高校選手に過ぎなかった。

□　　　　　　　　　　□

御茶ノ水駅のホームには、小柄だがいかにもスポーツマンらしく、精悍な男が待っていた。

名前は小野秀夫。のちに、だれに対しても公平でいたわりがあることから、推されて日本野球連盟（社会人野球）の専務理事と、全日本アマチュア野球連盟の専務理事にもなるのであるが、このときは、富士製鉄（新日鉄）室蘭製鉄所、野球部のマネジャーである。

小野は間もなくホームにやってくる、親の言いつけをよく聞く、純な高校生を、母校立教大学野球部に連れて行き、監督砂押に会わせようとしていた。

このとき、千葉県の高校球児たちは、千葉商業の監督・長谷川晴雄が法政大学の監督になったことなどから、法政に進む選手が相次ぐことになるのだが、長嶋は立教に進み、砂押にめぐり合い、砂押の猛練習に泣き、その猛気を学ばねばならなかった。

砂押は一年生の長嶋を、東京六大学の神宮球場に送り出したとき、長嶋が三振し、すごすごとベンチに戻ってくると、激しく叱咤《しった》した。三振したからではない。下を向いて帰って来たからである。

「もう一本、振って来い！」

明治大学戦だったろうか、長嶋はバッターボックス近くまで進み、ピッチャーに向かってバットを構え、にらみつけるようにしてビューンと振った。

豊島区千早町・立教大学野球部合宿「智徳寮」で、長嶋と砂押は対面した。長嶋の挨拶が終わると、砂押は小野を陰に呼んだ。

「おい、おい、あんなノッポを連れて来て大丈夫か！」

初めて会った高校生を、とても使えないと判断したのではない。

砂押は小野をからかったのである。それまで小野は高校選手のだれを連れて来ても、砂押に決まって「日本一です」と言っていたからである。

小野は、このときすましたものだった。

「今度はホントに日本一です」

この師弟は、楽しそうに笑った。

小野には分かっていることだが、しかし日本一になるためには、早ければ来年春の静岡県伊東球場での立教大学の練習で、もっと早ければ、この夏休み中の大学の練習に参加したときに、ノッポの高校生は、砂押の「三球ノック」の洗礼を受け、関門をくぐり抜けなければならない。

砂押は新人を三塁にすえる。構えさせると、第一打を三塁左線外に打つ。取れるか、取れないかを見るのではない。追うか追わないかを見るのであった。飛んでくるノックの打球に、反射的にからだが動いて追ったとしても、途中で、あっ、ファウルだ！　と追うのをやめる選手は、時間をかけて修練が必要だと、正選手候補からはずすのである。

平成一二年正月、私は砂押から年賀状をいただいたが、一筆「ご精進を」とあった。襟を正すような思いにつかまり、改めて砂押の野球を見る思いがした。

□　　□

砂押は第二打を、ショート寄りセカンドベース近くに打つ。注視するのは第一打のときと同じである。

第三打は構えている選手の真正面に猛ゴロをたたきつける。視点は第一打、第二打と同じではない。同じなのは選手が取るか、取らないかを見るのではないことである。猛襲にひるみハッと腰を浮かせるか、ぐっと腰を落とすかを見極めるのであった。今、ミスター・プロ野球と言われた時代の長嶋を思い浮かべてみると、長嶋茂雄はまぎれもなく砂押の人魂の選手である。ノックを終えた時、砂押の手からバットが離れないことがよくあった。小野が蒸しタオルで温め、やっとほどいた。

それにしても、小野はいったいどこでどのようにして、この高校生を発見し、その資質をどう見抜き、どこに惚れたのであろうか。

実は、小野はなんと長嶋を一度も見ないうちに、息子さんをくださいと、長嶋家に飛び込んだのである。破天荒な男である。

□　□

小野秀夫は昭和四年、茨城県水戸市で生まれた。生家は洋服商、昔はすべてオーダーメードである。

昭和一七年、水戸商業に進んだ。二〇年八月二日、水戸も米軍機の爆撃で壊滅する。彼の家も焼ける。戦争が終わると、復員した砂押が母校に駆けつける。小野は砂押に鍛えられる。昭和二一年、中等（高校）野球が復活すると、主将・二塁手で三番、茨城大会で、戦後県第一号ホームランを打った。

「いやあ、レフトの後ろが坂道で、打球がコロコロと、下り坂をころがって行ったのですよ」

と、彼は謙遜する。

昭和二二年立教大学に入学、控え二塁手で、授業と練習、キャッチャーにノックでフライを打つのが特技になった。昭和二五年、砂押がセントポールの校友たちに推されて監督に就任した。小野は砂押とまためぐり合った。

監督に就任した砂押は熟考ののち、小野をマネジャーに持って行った。翌年は、立教は六大学リーグ戦の当番校であるし、昭和八年以来、優勝していない。

一般に、キャプテンをだれにするか、決めるのはむずかしいだろうと思われるが、衆目の一致するところという言葉があるとおり、おのずと決まる。明治大学の校歌ではないが、眉秀でたる若人がそうなる。

ところが、マネジャーの選考は極めてむずかしい。学生野球と言ってもその仕事は重要である。言ってみれば「フロント」であるからだ。人物がしっかりしていなければならない。カネも扱う。

□　□

マネジャーになった小野はよく働いた。助監督であり、コーチであり、球拾いでもあった。食料買い出しも彼の務めである。汽車も電車もスシ詰めで、デッキにぶらさがる。帰途、肩に食い込む荷の重さが人を作る。

終列車で深夜に合宿に帰って来ると、砂押が待っていた。門限に遅れたと気を付けをすると、「小野がチームのために一生懸命働いてくれているんだ。寝るわけにはいかない。ご苦労！」

砂押の言葉が胸に突き刺さる。小野のその後の人生の教訓になる。

こうしながら小野は、あの高校にいい選手がいると聞くと、目の色を変えて飛んで行った。勝つためには、いい選手を集めなければならない。

長野北高に町田行彦（国鉄―巨人）という強打者がいると聞いたときは、そのまま合宿を飛び出し、汽車に乗った。学校に着いたときに、ハッとスリッパのままであったのに気がついた。町田は今になってもこのときの小野を思い出し、まだ感心している。

「学割」が使えたので汽車賃はなんとかなったが、旅館に泊まれるほどのカネは野球部にも小野にもなかった。神社や寺の境内で一夜を明かしたわけを聞かれ、正直に話すと、社務所や本堂の隅に泊めてもらえたこともあった。駅のベンチで夜を過ごすときは、暗い電灯の下で「野球規則」全条文を暗記するため、ルールブックを繰り返し読んだ。砂押の厳命である。

こうして彼は有望選手に立教を勧めて歩いた。彼が立教に連れて来た選手は、小倉高の外野手重台昭彦をはじめ、一五〇人にも及んだ。立教には入学しなかったが、松本市立高の小森光生（早大―毎日）、芦屋高校の全国優勝投手、植村義信（毎日）も声を掛けられている。

小野の学生服は破れ、靴は裂けた。彼はとうとう川崎高の小島訓一を探し当てる。立教はこの無名の、人柄がいい左腕投手の活躍で、昭和二八年春の六大学リーグ戦で優勝する。二〇年ぶりの優勝である。砂押の初優勝である。この優勝が、長嶋時代の立教の勝利の精神的な基礎になるのである。

立教を卒業した小野は昭和二七年、富士鉄に入社し、室蘭に赴任した。旧制大学から新制大学への移行期であったので、在学五年、野球部マネジャー二年であった。二年間のマネジャー体験は、何にも替えがたい修練になった。

□　　□

戦後の社会人野球は、石炭、肥料、鉄と、日本復興の基幹産業のチームから盛んになった。野球で社員の心を一つにしようとしたのであるし、遠く離れた事業所では従業員の何よりの慰安であった。

北海道でもそうで、キャップライトをつけたヤマの男たちがスタンドを埋める、炭鉱チームは勇ましかった。監督が老練松本終吉の、農村に向けて食糧増産の肥料を作っていた「東洋高圧砂川工場」チームは、一本勝負に強かった。ところが、小野が赴任した富士製鉄は、主力を立教勢で固めていたのに、ここというときに勝てなかった。昭和二七年の夏の都市対抗の全国大会には、東洋高圧が北海道代表となって上京した。

東洋高圧社長石毛郁治は上機嫌で選手たちを迎え、神楽坂の料亭で激励会を開いた。選手には、なんと言ってもすきやきがよかろうと、女将《おかみ》に言った。当時、札幌の放送局にいた私も、東洋高圧について上京したが、野球部長三原重俊に会に招かれた。それは盛宴であった。

小野が悔しがった。どうして勝てないのか考え始める。

二八年が来る。東洋高圧が、全道大会前の予選を突破した。若い選手に勢いがある。銚子商業勢がいい。考えてみると、富士鉄の主力選手には関西出身者が多い。彼らは寒い北海道の暮らしになじめないのではないか。このことから言うと、北関東から南関東までの選手は魅力である。神奈川まで行くと暖かすぎる。

彼らを獲得し、チーム編成をしなければならない。ともあれ、銚子商業にどんな選手がいるか、どんな野球をやっているのか、見ておきたいものだと小野は思った。

このとき、小野に衝撃の情報が飛び込んで来た。東洋高圧に銚子商業の選手がまた入社するというのだ。事実、東洋高圧には八年間に、銚子商業から九選手が入社してくることになる。社長、石毛郁治は銚子在、飯岡の出身である。昔のことなので中学が少なく、九十九里の成東中学に進み、野球の選手だったので野球にはくわしい。石毛が号令しているにちがいない。とすると、富士鉄も若い選手の補強を急がねばならない。

その機会は意外に早くやって来た。本社との業務連絡のための東京出張があったのである。彼は、本社に銚子商業を調べておいてくれないかと頼んでから、室蘭を発《た》った。

東京に着き、労務課に顔を出すと、日曜日に千葉市で、浅野高校と千葉商業、千葉一高と銚子商業の招待試合があるというメモが届けられていた。浅野高校は「九転十起」が校訓の、神奈川の旧浅野中学で、南海の名一塁手・飯田徳治の母校である。「トリ」は銚子商業、いい招待試合になりそうである。

□　□

その日曜日の朝。

小野は富士鉄社員の東京出張の宿、千代田区淡路町二丁目の「初石寮」を出ると、淡路坂をゆっくりとのぼり、国鉄駅に向かっていた。細かい雨が坂道を少し濡らしていた。

乗車券売り場の窓口で千葉まで切符を買った。千葉行きの電車は釣りに行く客で込んでいた。込んでいたので、進行方向に向かって左のドアのそばに立っていた。彼は後ろから五両目に乗っている。

両国を過ぎると、小野は困ったことにトイレに行きたくなった。錦糸町、亀戸、平井、家々の屋根が低くなって行く。銭湯の煙突が見える。新小岩、小岩、もう限界だ。電車が江戸川の鉄橋を渡り、市川駅に滑り込んだ。

市川の駅は、今は高架になり駅ビルができているが、当時のホームは低く、砂利で固められていた。目の前にひょいとトイレが見えた。もし後ろから五両目に乗っていなかったら、トイレは見えない。

「助かったあー」

ドアが開くと、小野は疾走した。

やがて、小野は晴れ晴れとした表情で出て来たが、次の千葉行きの電車が来るまで、間に津田沼止まりが一本入るので、だいぶ間がある。小野は、朝、初石寮で新聞を読んでこなかったのを思い出した。改札口のそばに売店がある。『朝日新聞』の朝刊を買った。

「大蔵省主計局長、干拓工事のため印旛沼視察」「ネギ一貫目　二〇円」。ページをめくると、「県下高校チーム紹介」……見出しが目に飛び込んできた。夏の大会が近づいている。連載記事であるらしい。小野は読み出した。

「その六　佐倉一高

毎年上位まで進出するがネバリがなく敗退している。このチームの守備力は強く、とくに一年生から出場している長嶋、鈴木の三遊間は、千葉高の山木、江川、銚子商業の山口、名島とともに定評がある。(二)寺田　(三)鈴木　(投)奈良　(遊)長嶋　(捕)掛端　(右)板倉　(中)藤代　(一)莇《あざみ》　(左)林田」

読み終えたその瞬間、小野は心のなかで叫んだ。

「よおーし、佐倉一高のショートで勝負だ。銚子商業を見るのはやめた！」

小野はどうして、佐倉一高のショートに狙いを定めたのか。

ショートであるのなら、バネがあるだろう。四番に起用されているのなら、スイングはそう悪くないだろう。このくらいの見当はつけたであろうが、この場合も、小野に「カンピューター」が作動したのだとしか、言いようがない。野球のカンピューターは長嶋茂雄が「家元」

ではない。小野は千葉駅で改札を出るのをやめ、また総武本線に乗り換え、佐倉に向かった。

□　□

実は小野は、しかしこの日がいつのことであったのか、覚えていないのである。

「仕事休みの日曜日だったことだけは確かです。新聞を読んで佐倉へ飛んで行ったんですよ」

そう言うので、私は千葉市の千葉県立図書館に、『朝日新聞』を探しに行った。

「その六」は六月二一日の朝刊に出ていた。

まぎれもなく日曜日の新聞である。

――昭和二八年六月二一日――

日付を確かめてから本文を読んだとき、私は噴き出していた。

「長嶋、鈴木の三遊間は、銚子商業の山口、名島とともに定評がある」と、書かれているではないか。彼には銚子商業は、憎っくき東洋高圧であったのである。負けず嫌いな水戸ッポである。楽しい閲覧であった。

モヤシくん登場

佐倉は堀田藩一一万石の旧城下町である。

北西の台地に佐倉城跡。そして旧陸軍歩兵五七連隊跡。長嶋が六キロの道を歩いて通学した、印旛郡組合立中学は、当時五七連隊の第一中隊の兵舎が校舎に充てられていた。

長嶋が、冬、山ごもりを始めたのは、巨人軍入団五年目のシーズンが終わった、昭和三七年からであるが、箱根やその後の大仁を訪ねるたびに、佐倉に似ていると思ったものだ。丘と樹々が美しい。

佐倉に着いた小野秀夫は、鍋山台を訪ねた。校庭がグラウンドであったが、野球部は練習をやっていなかった。奈良・京都の関西修学旅行から帰って来たばかりであったからしい。野球校なら日曜日であるのだから、目の色を変えて練習をしているはずである。それなのに練習休みである。強くないわけである。もともとは進学校である。小野は気にもしていない。校庭をとりまく桜の古木に感心しながら、正門に回った。

□　□

佐倉一高は、寛政四年藩主堀田正順によって、「藩士教育の府」として「佐倉学問所」が創立されたのに始まっている。

儒学、軍学、数学、英学、蘭学……が興される。今の順天堂医院や、陸上の名門でもある順天堂大学も、天保一四年に、ときの藩主であった堀田正睦が、蘭医佐藤泰然を招いたのに始まっている。諸国から来藩者が相次ぎ、「西の長崎　東の佐倉」と並び称された。

町の人々は、長嶋が巨人軍で活躍すると、昔にならって、「西の中西太　東の長嶋茂雄」とはやし立て、胸を張っていた。

□　□

野球部の歴史も古く、明治二九年に「体育部ベースボール会」がつくられた。対外試合は明治三八年七月二三日、成田中学（高校）と練兵場で対戦し、一五対七で降している。翌明治三九年五月には東京遠征、「花々しく都に打って出た」のである。アメリカ遠征帰りの早稲田大学や、早稲田実業と対戦したのであるから、たいしたものである。スコアは三対一九、七対九ではあったが。応援歌もできた。

「野球に名高い鹿嶋ケ岡に
朝夕鍛えしわれ等が選手
母校の名誉を担ひて立ちぬ
荘厳　偉大　活発　猛威」

しかし、これから強くなるという矢先の明治四一年、野球部は第八代校長山内佐太郎によって廃部された。

分校である成東中学との試合のあと、石の雨を降らせた応援団同士のけんかがきっかけであったが、山内は、県立校と言っても、もとは藩校、堀田家の篤志で成り立ってきたのだからと、打球などで校舎が破損されるのを恐れたようだった。この廃部で、その後、野球部が復活しても、野球では伝統強豪校にはなれなかった。

□　　□

小野は学校の事務所で、長嶋という生徒の家を聞き、臼井町字下宿に向かった。京成電車で言うと、「大佐倉」「京成佐倉」「京成臼井」である。臼井町が佐倉と合併するのは昭和二九年三月になってからである。

昔の臼井駅は、今の駅ではなく、東に五〇〇メートルほど先にあった。小さく、可愛らしい駅であった。ホームには、毎朝、近くの農家のおばあちゃんや主婦たちが、野菜を持って集まっていた。彼女たちは駅で挨拶を交わし、それから京成電車に乗り、東京下町へ売りに行っていた。駅は言ってみればコミュニティーセンターであった。

いつだったか、長嶋のお母さんもそうであったと、週刊誌に出たことがある。長嶋が監督になってからのことだが、長嶋が大好きな放送局の男が怒った。

「冗談じゃない、行商するほど貧乏ではない」

そうではない。

暮らしに不自由をしていなくても、おばあちゃんや主婦たちは、「遊んでいてはもったいない」と、思っていたのである。戦中戦後、日本の農村の女性は変わらずに働き者であった。

小野は長嶋の父親、利さんに会った。長嶋少年は外に行っていて、家にはいなかった。

利さんは臼井町の出納会計事務責任者、収入役である。知ってのとおり収入役は、町長、助役と並んで、町の三役の一人である。

小野は挨拶をすませると、

「息子さんを、ぜひ富士鉄室蘭にください」と言った。長嶋のプレーも見ていないし、会ってもいないのに、いきなりこう言って、利さんの懐に飛び込んだのであった。

利さんはまっしぐらなこの男に心を打たれた。「わざわざ、遠方から本当によく来てくださった」と感謝を述べると、

「分かりました。茂雄を小野さん、あなたに預けます」

即答した。今度は小野が感謝を述べる番であった。

小野がお礼を言うと、「それは、それはごていねいに」

と言ってから、利さんはおもむろに、小野に尋ねたのである。

「ところで小野さん、富士鉄は室蘭からどこまで行っている鉄道ですか?」

□　　□

のどかな町である。人々はおっとりしている。

そういえば、長嶋が巨人軍の監督（第一次）に就任し、最下位に落ちた翌年の、昭和五一年、千葉県立成東高校、明大のキャッチャー鈴木行雄が、まだ健在であった北海道拓殖銀行、たくぎんの佐倉支店長になったので、挨拶に行ったことがある。

鈴木は明治の先輩、あの青バットのホームラン王・大下弘に最後まで尽くした男である。在学中、九州遠征のときに、西鉄の大下が後輩たちを博多のネオンの街に案内した。明治大学監督島岡吉郎が烈火のごとく怒った。

「大事な学生を、夜の街に連れて行くとは何事だ!」

すぐに大下を呼びつけて殴りつけた。大下はひと言も言い訳をしないで、島岡の鉄拳制裁を受けていた。その姿が忘れられなかったのだ。

銀行に着くと、さすがの鈴木も目をまわしていた。佐倉一高の、長嶋の仲間が融資の相談に来て、今帰ったところだと言う。

「わけを聞いてみたら（長嶋饅頭を作って、佐倉の駅で売るのさぁ。昨年はビリだからこの饅頭で、シゲをまた有名にしなきゃぁー）と、張り切っているんですよ」

□

□

小野は長嶋家を辞去し、臼井の駅に戻った。成田山への参詣の街道に沿って、ポコンとお椀を伏せたような丘があった。強すぎたために かえって横綱になれなかったとも言われている、相撲の雷電為右ェ門が、この丘で恋人と印旛沼を眺めながら、静かな晩年を送ったのだと言う。幕内成績二五四勝二引き分け一四預かり、丘の下の妙伝寺には、雷電の墓がある。施主飯田新八とある。

そう、いつだったか、長嶋と、相撲の話になったことがある。

「子どものときによく取りましたよ。得意技ですか。すくい投げと打っちゃりでしたよ」

臼井国民学校の下級生のときのことである。「印旛沼では、夏になると毎日泳いでいましたよ。海軍の練習機、赤トンボがよく飛んで来ましたよ」

□

□

室蘭に戻った小野はすぐに長嶋入社の手続きを始めた。社内手続きは順調に進んだ。小野が「今度取る高校生で、きっと東洋高圧を倒してみせる！」

と言っていたのはこの頃である。室蘭輪西に、早大出身の投手、伊藤真一を訪ねたときだったか。伊藤がムーミンのような顔をして、小野の情熱に感心して聞いていた。

が、ほどなく、この高校生の採用にストップがかかったのである。副所長、佐山励一が教育委員長に就任し、第一着手として北海道の企業に「高校卒業生の新規採用は、北海道の高校卒業生に限ることにしていただきたい」と呼びかけたのである。

富士鉄はおひざもとであるのだから、真っ先に従わなければならない。伊藤が北海道の高校選手のなかから、内野手を捜し始める。

小野は電話ですむことではないと、すぐに上京し、その足で長嶋家を訪ねた。事情を正直に打ち明け、お詫びをし、その上で母校立教大学への進学を勧めたのである。

利さんはまた小野の誠意に心を打たれた。昔の日本人である。

「分かりました。小野さん、大学を卒業したら茂雄をあなたに預けます。どうかよろしくお願いします」

こうして、砂押に引き合わせることになったのである。

□　　　□

しかし……。

もし、小野が、あの日曜日、電車のなかでトイレに行きたくならなかったら。もし、トイレに行きたくなったとしても、たとえば市川のひと駅手前の小岩で降りていたとしたら。『朝日新聞』を買って読んだとしても、小岩は東京都江戸川区である。新聞は東京都内版であるから、千葉県版の「県下高校チーム紹介、その六　佐倉一高」を見ることはなかったであろう。そうであったら、長嶋家に飛び込むことはなかったであろう。彼は予定どおり、千葉市で招待試合を見ていたにちがいない。またもし、佐山が教育委員長にならなかったら……。

私は、今も不思議な作者にうなっている。小野、砂押、このドラマの見事なキャスティングにも感嘆している。

小野は対面が終わると、『報知新聞』六大学野球担当記者で、基礎になるのは高校野球だと考え、『朝日新聞』の全国各県版を購読するなど、綿密に調査、研究をしていた、田中茂光に電話をかけ、改めて長嶋の情報はないかと聞き、室蘭に帰って行った。

□　　□

この年の暮れ、私はひょんなことから開局して間もない日本テレビに入社した。当時のテレビの事情から、局は翌年春から、東京六大学のリーグ戦を中継することになるのである。アメリカ・テキサス州の田舎町のテレビ局にならって建てられた、東京都千代田区二番町の小さな局舎に集まった社員たちは、何か新しいことが始まりそうだという、わずかな期待と、この先いったいどうなるのだろうという、大きな不安のなかにいた。エノケン劇団から来た心やさしい男もいたし、大学時代に鳴らしたラグビー部の猛者《もさ》もいた。カメラは重く、逞《たくま》しい男でなければ操作できなかった。

社員たちの不安は、おびえにも近かったといってもよかった。何しろテレビの受像機が高い。RCAの一七インチが一八万七九〇〇円もした。巨人軍の選手たちが練習が終わった夕方、毎日行っていた多摩川寮のすぐそばの銭湯の入浴代が、一五円だったときである。

□　　　　　　　　　　　　　　　□

二月一日にNHKが東京でテレビの本放送を始めていたが、受信契約は八六六。状況はこのときと大きく変わっていない。テレビは普及しそうになかった。

そこで局は、開局の一〇日前に、ひとまず東京都内二九カ所と、その他関東一三カ所に街頭テレビを設置した。局にはテレビカメラがたったの二台。

放送は、昼の部は午前一一時五〇分に始まり、午後〇時三〇分には終わっていた。延びても一時三〇分までである。午後は休みである。夜の部は六時からであったが、特別なことがないかぎり、九時三〇分には終わっていた。放送が終わると、街頭テレビを置かせてもらった町内の町内会の有志が、テレビが入っている、箱の観音開きの扉を閉めてくれた。翌朝関東地区では、読売新聞の支局員や奥さんたちが、テレビの前の広場を掃除していた。

明けて昭和二九年、二月一九日から三日間、蔵前国技館で、力道山・木村政彦対ベンとマイクのシャープ兄弟の、タッグマッチ・プロレスリングの興行があった。プロレスがどんなものなのか、まったく知らなかった日本テレビが、中継放送をしたのは、興行主・明治座社長新田新作の要請に、日本テレビ会長正力松太郎がうなずいたからである。

力道山が空手チョップでデビューした。お客さんが街頭テレビの前に殺到した。程なく、NHKもラジオでプロレスを中継することになるのであるから騒ぎである。

テレビの研究家魚谷忠司は「街頭テレビは、一九三六年のベルリン・オリンピック大会のときに、ドイツで各地に設置されたのが始まり」と言うが、民間放送テレビ一号局の放送は、プロレス中継と街頭テレビで、初めて人々に注目された。

この最初のプロレス中継から少しあとになるが、長嶋茂雄も時代の子で、ルーテーズが大好きになった。立教の二年生のときだったろうか。

新宿東口、今の紀伊国屋書店近くにあった山一証券の新宿支店前の小さな広場に、街頭テレビをときどき見に来ていた。いつも一年下の、京都嵯峨野高校出身の大型三塁手・荒井邦夫を連れていた。

この頃、明治大学野球部員は、新宿西口のやきとり屋「江戸ッ子」、長嶋のホームグラウンドは東口の「亀井鮨」である。今もそうだが貝類が好きだった。

プロレスを見たあとで寄っていたが、長嶋も荒井も、学生帽に学生服、天気がよくてもゴムの長靴をはいていた。これが、立教大学野球部員の盛装であった。少し雨が降ると、合宿のある東長崎の町も、校舎がある池袋西口も、たちまち泥んこ道になった。すしは一人前一四〇円、そんな時代である。

初めてのプロレス中継が終わり、三月に入ると、東京六大学野球リーグ戦の中継実施が決まった。番組編成と放送送り出しの責任者は、旧陸軍第一五軍の参謀であったが、その参謀も大喜びであった。一日も早く昼の部と夜の部との放送をつなげたかったのである。

この中継は午後の空き時間を埋める、願ってもない番組になる。

□　　□

昭和二九年春のリーグ戦は四月一〇日、明治対東大一回戦で開幕した。明治の秋山登（大洋）が、東大から二二の三振を奪った。

立教の出番は第二週の第一日、東大一回戦であった。立教は二回裏、早ばやと五点をあげた。三回表、砂押はこの回の守備から、三塁手に一年生を送った。新人を体験出場させるには、絶好の試合展開ではあったが、五番打者・四年生の山田一夫（サッポロビール）を三塁から退けたのには驚かされた。

山田は、戦後、旧熱田五中と愛知商業とが合併して発足の瑞陵高校の出身で、伝統校で鍛えられてきただけあって、真摯《しんし》な上級生であった。夜、合宿に行くと、決まって合宿前でバットを振っていた。

ベンチからは色が白く、ヒョロヒョロと背だけが伸びていて、モヤシのような選手が飛び出し、三塁に入った。立教のタテジマのユニホームは、ニューヨーク・ヤンキースにならったものだが、出て来た一年生には似合いそうになかった。このモヤシくんこそが、小野が連れて行った長嶋だとは、しばらくの間、気がつかない。私は退いた山田に気を取られていた。学生野球はまだ背番号をつけていない。

モヤシくんはピッチャーの投球と投球の間、うれしそうに三塁ベースの回りをぐるぐると歩き回った。グラウンドが掘れる。もちろん神宮球場はまだ人工芝ではない。泥が飛ぶ。立教対明治が終わってからのことになるが、明治のショート山本巌（明治高校野球部ＯＢ会会長）が言った。

「アイツが出て来ると、グラウンドが掘れて、汚れてしようがない！」

七回、東大のセカンド・五番バッター千野敬二（韮崎高）がサードゴロを打った。するとこの新人は猛ダッシュ。アミダにかぶっていた帽子のツバが、風圧を受けたようにヘナヘナと揺れた。一塁送球を終えても、ダッシュの勢いは止まりそうになかった。突進力は内野手のいのちにはちがいなかったが、捕手堀川偉と危うく衝突しそうになった。

堀川も小野が引っ張って来た選手である。三二回大会の甲子園球児で、泉大津高校ではピッチャーであったが、砂押が強肩を見込み、キャッチャーにした。陸上部から砲丸投げの砲丸を借りて来て、堀川に構えさせ、至近距離からズドン、ズドンとぶつけていた。捕球の練習であったが、砲丸には驚かなかった堀川も、この一年生には驚いていた。

私もあきれた。

戦前、東京六大学は水原茂をはじめ多くの名三塁手を生んだが、戦後再開された東京六大学にも、見事な三塁手が相次いで現れた。東大の立松惣造、慶応の吉岡宏、立教の下川久男、少しあとでは早稲田の小森光生。だれもが闘志があり、端正で、正確であった。

ところが、このモヤシくんはだれとどう比べてみても規格外である。そうかあ、このモヤシくんが小野が言っていた、佐倉一高のショートだったのだと、やっと気がついた。一度聞いただけで、記憶のどこかに残っていたのは、小野の野球への情熱に敬服していたからであろう。

この春、立教は四位に終わった。モヤシくんの成績は、出場・遊撃三試合、代打二試合を含めて一一試合。打数一七。安打三（二塁打二）。打率〇・一七六。四球一。三振三。打点二であった。

明治の優勝でリーグ戦が終わると、すぐに新人戦が始まったが、モヤシくんは、天下はオレのもの、そんな顔をしていた。バッターがピッチャーゴロを打つと、ピッチャーといっしょに前進していた。

オレたちのシゲ

東京池袋から西に向かって走る、西武電車池袋線。池袋から二駅、東長崎駅から北に歩いて一〇分、今は、東京都立牛込商業になっているが、当時の立教大学野球部のグラウンドは、レフトの後ろには大学教職員のオシャレな住宅が並んでいて明るく、本塁から一一六メートルのセンターの後ろにはプールがあって、水泳部員たちの歓声と水しぶきがあがっていたが、ほかの大学の練習場に比べ、日が暮れるのが早いように思えた。ライトの後ろに森があったからかもしれなかった。

練習はどのチームもそうであるが、体操、ランニング、キャッチボール、トスバッティング、フリーバッティング、レギュラーバッティングと進み、シートノックで仕上げになる。ここまで来ると、もう日が暮れかかっている。

砂押がノックバットを握りしめて、打席に向かう。グラウンドは一気に緊迫に包まれる。

砂押は刀の柄をたたき、一剣を振りかざすような気迫である。

平成一〇年二月三日、「リンテック」の会長庄司昊明《こうめい》の食事の会で、砂押に会った。庄司はかつての東北帝国大学野球部主将である。社長、カープファンの田中郷平はじめ同席者たちが、砂押に往時の長嶋の話をせがんだ。

「そうですねえー」

と言ってから、砂押は、

「長嶋にノックをすると、ここが鳴りましてねえー」

左肘《ひじ》をさすった。

長嶋の必死の思いがはねかえってくるのである。一週間後、宮崎キャンプで長嶋監督に会ったときに、来る前に砂押さんに会ったと言うと、長嶋はカチンとスパイクの踵《かかと》を鳴らすように気を付けをした。

ポジションについている選手も、一、三塁線外に整列している選手も息をのむ。

□　　　　　　　　　　□

「サード！」

ノックの第一打は、三塁に打ち込まれる。

長嶋が構える。時が止まる。

「シゲ！　頼む、取ってくれ」

全部員が祈る。

もし、長嶋がポロリと取り損なうと練習はやり直しになる。それはシートノックをやり直すのではない。いちばん初めの体操に戻るのである。日本の野球を興し、支えてきたのは、このような愚直と思えるほどのひたむきな野球である。

こうして、またシートノックに戻ってくるころには、もうボールが見えない。森の影は暗い。砂押は容赦しない。選手は早く練習を終え、毎日同じ納豆めしでもいい、晩めしにありつきたいとも思っている。

構える長嶋に全部員の視線が突き刺さる。背中にも痛いように突き刺さる。

砂押が打つ。長嶋が失策する。

そのとき、新人教育係、静岡城内高校の秀才、ショート三番打者・宗野徳太郎が列からパッと飛び出し、長嶋茂雄めがけて走る。宗野は今は静岡県菅野病院の事務長であるが、長嶋を殴る。ときには殴り倒す。それは宗野の長嶋へのいたわりであった。

もちろん、砂押には宗野の思いがよく分かる。練習やり直しを控える。もう一本打つ。長嶋がつかむ。見事に一塁に送球する。宗野は涙ぐむ。

長嶋は巨人に入り大活躍をしているときでも、ときどきポツンと言っていた。

「オレ、下手なんだよ」

部員たちは砂押によって世の中に出てから、一人で生きて行かなければならない、きびしさを学ぶ。彼らの胸にも、宗野の思いと黙って殴られている長嶋の姿が迫る。こうして長嶋茂雄はしだいに「おれたちのシゲ」になっていくのである。

昭和四〇年一月二六日、後でお話しするが、ホテルニューオータニの芙蓉の間での、長嶋と西村亜希子さんとの結婚披露宴が、閉宴に近づいたとき、四年間を補欠の球拾いで貫き、卒業した村田政雄（安田学園高）をはじめ、夕暮れのグラウンドの球友たちは、突然に校歌を歌いだした。結婚披露宴で新郎の学友が、母校の校歌を歌うのは、珍しいことではないが、予《あらかじ》め式次第にも入っていなかったのに、だれ歌い始めるともなく、わき起こったのである。

「芙蓉の高根を　雲井に望み
紫匂える　武蔵野原に……」

彼らは、ナイフをつかみ、フォークを握りしめ、歌声は強く、大きく、絶叫に近くなっていった。「オレたちのシゲ」なのである。立教ナインが砂押に学んだのは連帯でもある。

しかし、秋のリーグ戦でも立教は勝てなかった。早稲田、法政、慶応、立教、明治、東大の順位である。

□　　　　　□

長嶋は一九打数三安打、打率〇・一五八、規定打席外二四位であった。

プロ野球では、中日が結団以来初の優勝を遂げ、日本選手権でも西鉄ライオンズを破って日本一に輝いた。最高殊勲選手（MVP）は鉄腕杉下茂。杉下は遠征先で雨が降ると、帝京商業のときからの恩師・監督天知俊一に「先生、キャッチャーをお願いします」

旅館の横の路地で、ピッチング練習を続けていた。

彼の研鑽《けんさん》の勝利でもある。この年から日本シリーズの最高殊勲選手に、副賞としてトヨペットクラウンが贈られた。ファンには夢のようなことであった。

巨人は、春、堅守闘志の名三塁手宇野光雄を、将来の監督含みで国鉄スワローズに送り出していた。明石のキャンプで、監督水原茂から言い渡されたとき、宇野は、「殺してやる！　オレは巨人の宇野なんだ」と飛びかかった。烈々たる男たちが巨人軍の第二期黄金時代を作ったのであるが、それからの三塁には穴があき、悪戦苦闘を続けていた。

快打洗心

長嶋は二年生になった。

昭和三〇年春のリーグ戦を前にした砂押の練習は、相変わらず苛烈であった。総員七四名、打撃練習が進む。一塁側、三塁側にずらりと並んでいる補欠選手は、

「さあー、行こう」

声をはりあげている。

多くの大学チームがそうであるが、補欠選手は白い帽子、白いユニホーム。だれが言い出したのか、「白虎隊」と呼ばれていた。討ち死に覚悟の健気な少年たちという意味か。

ファウルがグラウンドの外に飛び出す。ボールを捜しに行くのは白虎隊員である。ほんの一瞬だが、高校時代に甲子園大会に出場したことがある選手は、スタートが遅れる。反対にファウルの打球が飛んだ瞬間に、だれよりも早く、飛び出す一年生がいた。甲子園組ではないはずだ。

その白虎隊員は、理学部化学科・荒井邦夫といった。長嶋が新宿の街頭テレビに、プロレスを見に行くときに、いつも連れて行ったのがこの荒井である。長嶋はちゃんと下級生を見ていた。巨人の監督になった今でも、だれに対しても笑顔で接し、春の霞のようにやさしく、人を包むから分からないが、長嶋の選手評価は実はきびしい。

荒井は、京都の嵯峨野高校の三年生の春、高校野球春のリーグ戦で、特に平安高校戦でよく打った。嵯峨野高校は旧制女学校である。甲子園には行けなかったが、すぐに法政大学野球部から誘いがあった。大映映画京都撮影所に勤めていた、立教の投手・池戸弘昌の父親が、荒井の父親に立教を勧めた。

荒井の父親荒井良平は、戦前「牢獄の花嫁」など、相次いで大作をものにした、日活京都のドル箱監督であるが、このときは大映映画にいた。若いときに苦労をしてきた良平は、話にじっと耳を傾け、砂押に預けることにした。

□　□

平成七年一月一五日、荒井邦夫の長男邦広が結婚し、披露宴が開かれたが、邦広の大阪工業大学時代の恩師、内藤徹男（日本設計社長）が祝辞を述べた。砂押や立教の先輩好村三郎、関西学生野球連盟理事長小野忠彦、阪神タイガースの監督を務めた吉田義男が出席していた。

「『愛』という言葉は、キリスト教の思想が正式に日本に入って来た、明治になってから作られたものです。日本には昔から、この『愛』に相当する『御大切』という言葉がありました」

『御大切』。私は、野球も人も大切にして来た荒井邦夫の歩みではないかと、拝聴していた。

彼は、卒業後、先輩に呼ばれて山一証券に入社し、法人数社を担当。やがてそのなかの一社「日本熱学」が野球部を作ることになり、ぜひにともらいがかかり、社命で野球部長として転出し、間もなく役員待遇の九州工場長になった。

この時代、私は、もう西鉄ライオンズの黄金時代が終わり、いつも閑散としていた平和台球場で、彼とよく会った。野球が好きで見に来ていたのだった。

秋のオープン戦が始まり、巨人が九州にやって来ると、荒井は待ちかねていたその日の試合が終わると、長嶋を迎えた。博多はふぐのおいしい季節である。彼は早くから店に予約を入れ、席を用意していた。

初めはふぐの刺し身。長嶋は喜び、ぐるりと箸《はし》を回し、ひと箸でペロリと食べ、仲居さんに、

「すみません、お代わり」

次の皿もぐるりとひと箸で、フィニッシュである。こういうときでも、箸を持つ長嶋の脇は締まっている。名プレーは脇から始まる。からだにたたき込まれた芸は、監督になってからも変わらない。

平成九年のキャンプの昼に、博多の明太子をひと口食べていたが、箸を使っているときでも、往時のグラウンドと変わらない脇を見て驚嘆した。

「すみません、お代わり……。あれ、荒井どうしたんだ。遠慮してんのか。さ、どんどん食べろよ」

遠慮しているわけではない。荒井には食べている暇もなかったのである。

「おい、遠慮すんなよ」

長嶋がそういうたびに、彼はこの先輩に微笑み、卒業式の日に、わざわざお祝いに来てくれ

たのを思い出していた。

昭和四九年五月、日本熱学が倒産した。荒井は三九歳。翌年、私もテレビ局を退いたこともあって、彼の消息は分からなかった。つらい運命につかまっていなければよいが……と案じていたが、昭和五六年夏、取材で広島商業に行くと、関係者に一生懸命おじぎをしている男が遠くに見えた。

近づくと荒井であった。彼は一兵卒として、運動具会社「ゼット」に入社していたのだった。私たちは再会した。吉田義男が、ボランティアでフランスに野球指導に行っていたのはよく知られているが、陰で「ムッシュ吉田」を支えたのは、事業本部渉外部長になっていた荒井である。中学生のときに「牛若丸」吉田にコーチをしてもらったので、忘れられなかったのだ。

□　　　□

話はもう一度立教のグラウンド。白虎隊がファウルになったボールを追って飛び出して行ったところ、そっと、グラウンドから姿を消して行くピッチャーが二人いた。

一人は長嶋の一年上級生の桃山学院出身・堀本律雄（巨人）。もう一人は長嶋と同期生、先ほど話をした山田一夫の瑞陵の後輩・坂見猪兵衛（日本ジェーアールエージェンシー）。二人は手分けをして他校の練習を見に行き、慶応の藤田元司（巨人）が、早稲田の木村保（南海）が、どう投げ、どんな球の放し方をするかを目に焼きつけ、翌日は藤田になり、木村になってバッティング練習のマウンドから投げるのであった。

始まった昭和三〇年春のリーグ戦の立教は、第一戦に秋山登、土井淳（大洋）のバッテリーの明治とぶつかり、手もなくひねられた。〇対一であった。秋山は五校が一度はどうしても超えなければならない投手だった。

□

翌四月二四日、立教対明治の第二戦の神宮球場は、四万人のファンで埋まった。学生スポーツは華やかであった。

一回、立教はのちの熊谷組の名二塁手・古田昌幸が四球で歩いた。二番主将・伊藤秀司が左腕穴沢健一の足元を抜いた。無死一、二塁。打順は長嶋である。

この場合は、当然バントである。一回戦を失っていたのであるから、なおさらのことである。長嶋は見事にバントをころがしたが、勇み、打球を蹴とばして即アウトになった。砂押の作戦を根底からくつがえすヘマであったが、長嶋のからだには、だれにも止められそうにない勢いがあった。

□

立教の先輩理事、灘中から立教に進み、昭和一六年、投手で四番の好村三郎（元朝日新聞社運動部長、東海大学教授）は、この後輩の成長が待ち遠しくてならない。のちに、長嶋に「巨人へ行け、いい野球をやれ」と、叱咤する。

□

長嶋が巨人に入団してからもそうで、巨人が二対三で敗れることになる、昭和三七年七月一七日、後楽園球場での中日戦で、それまで三振、ピッチャーゴロであった長嶋が、第三打席でセーフティーバントを試みたことがある。中日のピッチャーはサイドスローの柿本実。打球は三塁線にころがり、ファウルになった。長嶋は、疾走を始めていた。

記者席の一部で、巨人の四番打者であるのに、弱気すぎるという声があがった。

好村は今も、高校野球よ質素であれ！　と叫んでいるが、試合が終わると、

「あれでいいんだ。チームの勝利のために、なんとしても一塁に出る。この気持ちが野球には大切なのだ」

そう激励しながら、長嶋に教えたのである。

□

好村は、学生野球の父、飛田穂洲に揮毫《きごう》をお願いした。長嶋の未来のためである。飛田は筆を執る。書は好村から砂押を通して長嶋に贈られた。長嶋はこの教えを大切にして、巨人軍入団以来、揮毫を求められると「快打洗心」と書いている。（一三八ページ参照）

□

平成一一年八月二五日、私は稲門大野一成と、秋田県大館へ全早慶戦を見に行った。大館能代空港の床や階段の秋田杉がキレイであった。「樹海ドーム」の前まで来ると、草履で悠々と歩いていた大館鳳鳴高校振興会の松江長成が、北国の青い空を改めて見上げた。

「飛田先生はいいなあー」

と言ってから少し節をつけ、「一球入魂他念無　快打洗心天日晴」

たしかに飛田穂洲の詩は、晴れた空によく似合う。東京から稲門倶楽部の亀田健と、本村政治が来ていた。秋田市から秋田経法大学高校の監督鈴木寿と、金足農業の監督嶋崎久美が来ていた。松江と同じような思いの野球人は全国各地に多いだろうが、好村は直系である。

飛田穂洲は、昭和四〇年一月二六日に逝った。長嶋の結婚当日である。

一月三一日、葬儀が執り行われたが、小泉信三が弔辞を述べた。

「きみはもちろん、日本の青年などに野球の技術、球を投げ、打ち、且つ走ることを教えましたが、しかし、実はきみの教えたものは内面的なもの、即ち高貴なる日本人の精神でありました」

□　　□

この春のリーグ戦も立教は五位に終わった。長嶋の打撃成績は、打率〇・一七〇、二五位であった。

閉幕後、すぐに練習が始まったが、上級生はだれ一人グラウンドに現れなかった。最上級生が砂押監督排斥運動を起こしたのだ。練習が厳し過ぎるというのであった。最上級生が主導すると、三年生、二年生……は、絶対服従である。だが驚いたことに、一年生が彼らだけで練習を始めたのである。

主唱者は、一年生に怒った。

夜、一年生のキャッチャー・片岡宏雄が、その最上級生の部屋に呼ばれた。片岡は卒業後中日に入団、国鉄で現役を終え、新聞社に入社したが、ヤクルトの監督・智将三原脩に呼ばれ、コーチ、スカウト。いまはヤクルトスワローズの球団取締役編成部長である。

「おまえが一年生を集めたんか」

「ちがいます」

「練習に出るな」

「いやです。野球がやりたくて入部したんです」

「おまえ一人の考えだろ」

「いいえ、ちがいます。一年生の総意です」

よく言ってくれたと、荒井はうれしかった。

片岡は、昭和一一年六月、大阪府吹田で生まれた。高校進学が近づくと、旧制豊中中学で選手だった、兄政之が言う。

「野球をやるなら浪商へ行け。出られなくてもいい。きっと勉強になる」

昭和二七年浪商に進んだ。監督、中島春雄の叫びは二つ。

「すべてを犠牲にして野球に打ち込め」

「言いわけをするな」

高校二年生になった昭和二八年夏も、キャッチャー三番で甲子園大会に出場した。

高三の夏が終わると、闘志と強肩を見込まれて、慶応と早稲田から誘いがあった。父親政一は早慶、いずれへも進学を許さなかった。

「有名な大学へ行ってはいかん。自惚《うぬぼ》れてもうて、将来ろくな者にならん」

そこへ、砂押とマネジャー山崎靖雄が訪ねて来た。父親は立教進学を快諾した。

「宏雄、立教という名前も聞いたこともない大学へ行け。ここなら修業になるやろ」

日本には、立派な一徹親爺《おやじ》がいた。

□　　□

翌日、荒井が当番で風呂をわかしていると、長嶋がそばにやって来た。

「ご苦労さん。風呂焚《た》きも勉強さあー。なあー荒井、こんなことになっちゃって、オレ、もう野球ができなくなるかもしれないなあー」

これまで見せたこともない、さびしそうな顔をした。

「そうなったら中退して、プロに行くしかないだろうなあー。中退だと会社には就職できないからなあー」

一週間後、期末試験が終わった。大学構内のプラタナスが枝葉を伸ばしていた。一年生たちは彼らだけで、静岡県伊東球場へ練習に行った。主将伊藤が責任上付き添った。

球場の土堤では温泉治療に来ていた相撲の三根山が、一途な一年生を応援していた。片岡が本塁で、

時代を興そうとする男は、しばしば志なかばで非運に斃《たお》れる。後任監督は辻猛であった。

とグラブをたたいていたちょうどそのとき、東京で身辺清潔な砂押が退陣した。

「さあー来い」

と両手を広げ、荒井が三塁で、

「さあー、行こう」

□　□

秋のリーグ戦が近づくと、荒井はマネジャーに転出した。好村が、

「将来ある学生です。よろしく」

荒井を連れて、関係者に挨拶に歩いた。好村は後輩を育てる。母校愛ゆえである。

片岡は、まさか最上級生に逆らった懲罰ではなかったろうが、ベンチ入りのメンバーからはずされた。

困ったのは投手・杉浦忠（南海）である。彼は挙母高（現在豊田西）からやって来た頃は、オーバーハンドで投げるピッチャーであったが、ピッチングが進んでいくと、汗で眼鏡がずれて落ちる。不自由である。これを直そうとサイドスローで投げ始めた。ピッチングはだれに教わったのでもない。すさまじい球威である。ストレートを投げ込むと、キャッチャーがミットをどう出してよいのか、一瞬迷う。カーブをほおると、鋭いブレーキにハッと腰を浮かせる。落ち着いてピッチングができない。

間もなく、片岡はベンチ入りメンバーに呼び戻された。彼は涼しい顔をして、杉浦の球を捕った。キャッチャーのリードの第一は、正確な捕球である。

片岡は平成元年秋、スカウト部長として、社会人野球のトヨタ自動車の古田敦也を取る。他球団が、メガネをかけている、それにあまり打てないと対象外にしていたが、彼はショートバウンドを後ろに逃がさない、この一点に着目して獲得した。古田の活躍は知っての通りだが、秋に古田がMVPに選ばれることになる平成五年の夏の晩、神宮球場の近くで会うと、

「あの選手は伸びると思って取ったら、そうなった……。そんなことはありません。野球は勝つか、負けるか、この二つです」

痛烈な男である。第二次監督になったとき、長嶋が片岡獲得に動いたことがある。

□　　　　　　　　　　　　　　　　□

この秋のリーグ戦も、立教はまた勝てなかった。プロ野球では、巨人がセ・リーグの覇権を奪回し、日本選手権で南海と対戦した。この年の南海は強いチームであった。ペナントレースで九九勝。巨人は苦戦したが、第五戦に水原が三番に抜擢した、捕手藤尾茂の先制ホームランで流れが変わった。巨人は息を吹きかえし、第六戦、第七戦にも勝って日本一の王座に返り咲いた。第七戦が終わったとき、川上、南村らは大阪球場で涙を浮かべていた。それまで勝つのは当たり前、騒ぐほどのことはあるまいと、勝ってもそんな顔していた強者《つわもの》たちの黄金時代は、このときに終わりに近づいた。

このとき、東京六大学では、一二月一〇日からマニラ・リサール球場で開かれる、第二回アジアアマチュア野球選手権大会に出場する日本代表が編成されていた。全日本が社会人野球からではなく、東京六大学から選抜され、派遣されるのであるから、六大学は戦後空前の強力時代であった。

□　□

団長藤田信男（六大学野球連盟理事長、法大）、総監督島岡吉郎（明大）、監督森茂雄（早大）……の六大学選抜軍は、社会人野球との壮行二試合を、いずれも一〇安打完封で破り、一二月七日の朝、羽田空港から一路マニラに向かった。ライトグレーのブレザー。エール・フランス機のタラップをのぼって行った。

大会に出場したのは、フィリピン、台湾、韓国、日本で総当たり二回戦制である。日本は大会第一戦、フィリピンとぶつかり、木村保（南海）が頰っぺたを赤くして投げ、三番森徹（中日—大洋—東京）が三塁打と二塁打、四打点をたたいて五対〇で快勝した。長嶋は五番で、四打数一安打、日本の四番は衆樹資宏（毎日—阪急）である。

第一戦に気を吐いた森は、すでに六大学のホームラン王であったが、バットを長々と持ってバッターボックスで構えることはなかった。グリップエンドから半握り、ときにはひと握りあけ、短く持って構えた。言うまでもなく、打撃の第一は球に振り遅れないことである。

当時の若者たちの青春には、そういう謙虚な思いがあり、ヒットへの祈りがあった。早大監督森茂雄が球ぎわに強いと激賞した、宮崎義郎がそうであったし、のちのＯＮもそうである。

日本は六戦全勝で優勝し、昭和三〇年もあと一〇日で、あわただしく暮れていこうとしていた一二月二〇日、夜遅くに帰国した。プロ野球のスカウトたちが目の色を変えていた。長嶋は打順五番が多かったが、二四打数一二安打、打率〇・五〇〇、本塁打一、三塁打二、二塁打四。ようやく大器の片鱗を現し始めていた。

ゴールデンボーイ

昭和三一年は、東京墨田区立本所中学校を卒業した王貞治が、早稲田実業に入学した年である。本所中学は校庭が狭かったこともあって、野球部はなかった。王は仲間と「厩橋四丁目ケープハーツ」を作り、隅田川の公園や、ジュース工場の隣の空き地で飛ばしていた、評判の少年ホームラン王であった。

「左で打ってごらん。もっと飛ぶよ」

浅草花川戸の実家に帰る、毎日オリオンズの荒川博と出会ったのは、中学時代のことである。

長嶋は立教の三年生である。

春のリーグ戦で二本の本塁打を放ち、打率〇・四五八で首位打者になった。一気に開花した彼は、秋のリーグ戦で三本のホームランを打ち、通算六本塁打になった。あと一本打てば、東京六大学野球連盟・通算本塁打記録と並ぶのである。俄然《がぜん》注目された。

読者のなかには、どうしてたった六本で注目され、七本でタイ記録になるのだろうと、不思議に思われるかもしれないが、戦前戦時下、ボールは今のように飛ばなかった。また六大学各校には、見事な投手がそろっていたから、そうたやすくホームランを打てるものではなかったが、なんといっても神宮球場が広かった。

女子高校生に「キリンちゃん」と呼ばれて騒がれていた、法政の田淵幸一が、通算二二ホームランを打ったときの神宮球場は、今と同じように両翼九〇メートルであったが、このときの神宮球場は、両翼一〇〇メートル（三三〇フィート）、中堅一二七メートル、その上左中間、右中間にはもっと深く「ふくらみ」があった。

立教はしかし、長嶋がこうであっても、春秋ともにまた勝てなかった。春は早稲田が、秋のリーグ戦は慶応が優勝した。

□

プロ野球では巨人と西鉄が激突し、巨人が敗れる。巨人の監督水原茂、西鉄の監督三原脩、宿命のライバルの「巌流島の決闘」が幕を開けていた。

□

春はセンバツからと言われているが、昭和三二年第二九回のセンバツ高校野球大会で、早稲田実業が優勝する。二年生の左腕・王貞治が投打にわたって大活躍したが、主将堀江康亘（東京新聞）の統率も見事だった。閉会式で堀江に紫紺の大優勝旗が授与されると、ナインは「王、行け」と、次の優勝杯授与に王を推した。

ナインは四月八日帰途についたが、熱海で途中下車をし、早実の先輩が経営している旅館に一泊。翌朝理容院に行き、キレイになって九日午後一時すぎに帰京した。

東京都墨田区業平橋二丁目、王の実家・中華料理の「五十番」の前は、町内会の人々によって万国旗が飾られ、みんなでサダちゃんが帰ってくるのを待っていた。続々とお祝いの花輪が届けられ、町内会の夜の提灯行列の準備もできていた。王はまだ五月二〇日の誕生日が来ていなかったから、一六歳である。

□　　□

五日後の四月一四日、神宮球場では、長嶋が春のリーグ戦の法政戦で、三回、左中間に大ホームランを放った。打球は高く上がり、萌え始めたばかりの外野芝生席に舞い落ちた。通算七号。ファンはいよいよわき立った。長嶋はこの一打で、慶応の宮武三郎、早稲田の呉明捷の記録と並んだ。

慶応の監督腰本寿は、宮武が打撃練習で打ち出すと、守っている選手たちに捕球を禁止した。すさまじい打球なので、選手がけがをするのを心配したのである。剛球豪打。昭和五年一〇月四日、法政の若林忠志から通算七号を飛ばした。のちの阪神タイガースのあの若林である。打球は今の神宮第二球場まで、悠々と飛行して行ったという。

呉明捷は、台湾嘉義農林で、監督近藤兵太郎に育てられた。昭和八年早稲田に入学。私は当時神宮球場の片隅で、黒いバットを握りしめて、打席に向かって行く呉明捷に、胸をおどらせていた。昭和一三年五月一四日、早稲田対明治戦で中堅深く六号、七号をたたき込んでいる。六号はあの華麗な左腕清水秀雄（中日）からである。長嶋の七号タイ記録は、呉から数えて一九年ぶりのことであった。

□　□

――ゴールデンボーイ　長嶋茂雄――

東京新聞が出していた『週刊東京』が、こうネーミングした。プロ野球のスカウトたちがいよいよ色めき立った。スカウト、自由競争時代である。

南海はすでに先行していたし、「大映スターズ」はオーナー永田雅一が獲得の総指揮をとり、契約金のほかに映画館を一館提供すると申し出た。映画はこのとき、庶民の娯楽の王座を占めていて、テレビなど、とうてい足元にも及ばなかった。一年間の入場者総数は一〇億人を超えていた。

阪急、中日、毎日も獲得に乗り出し、広島は広島出身の立教の先輩灰田勝彦（歌手）が誘い、国鉄スワローズは、千葉鉄道管理局と京成電車の幹部が動いた。

大洋ホエールズは「全球団が提示した契約金の最高額プラス、一〇〇〇万円」と迫った。前の年に西鉄に入団した鉄腕稲尾和久の契約金が、無名だったとはいえ五〇万円であったのだから、長嶋をめぐるスカウトの戦いは、すさまじいものであった。カネやん、金田正一が、昨日は勝利投手になっていたから、今日は奮発や！　と言って、試合前に後楽園球場に出前で取っていたチャーシュー麺が、たしか一五〇円であった。

この春、立教はようやく優勝した。砂押が長嶋にノックの第一打を打ち込んでから、三年余の歳月を要した。立教の成績は一〇勝一敗一引き分け、立教に土をつけたのは慶応で、投手は林薫、防御率〇・七四、見事なピッチャーだった。

□　　□

飛田穂洲が筆を執った。

「主力打者として長嶋はマークされて、本領を発揮できなかったうらみはあったが、彼の偉才は相手投手に対して脅威的な存在であり、打席につくたび敵陣を動揺させた。

ことにその守備ぶりはますます冴えを見せてきた。あの長身を軽くこなして、左右前後に広範な守備を持つ。鮮やかなことに緩ゴロを前進して体勢の崩れたままプレーする上技に至っては、日本人中初めて現れた、軽妙入神のわざと言ってよい。

鶴岡一人（法政）、宇野光雄（慶応）の二人が、五〇年間に筆者の目に映じた名三塁手であるが、鶴岡は球速に欠き、宇野はやや体が硬かった。この欠点を補うものが、長嶋ということができる。

宇野の楷書、鶴岡の草書に長嶋による力強い行書が加わって、三体の大文字が見事に揃ったわけである。

ただ、長嶋にはまだ稚気が抜けきらず、派手に見せようとした時に、大きなエラーをすることがあるのが玉にきずだ。六大学が久しぶりに出した大物のため、かつは本人のため、確実性のある守備法をすすめたい」

私は単なる長嶋評としてではなく、飛田の野球の教えを胸に刻みつけようと、ことあるごとに取り出して拝読している。

親爺の遺言

昭和三二年六月一七日。立教二六人の部員たちは旭川に向かって、函館本線で北海道を北上していた。長万部の駅では毛ガニをゆでて売っていて、カニ売りの声も楽しかった。北海道在住の立教大学のOBたちが優勝のほうびに、梅雨がなくさわやかな日々が続く、この北国に招待したのである。

旭川は上川盆地に開けた北海道の北の都で、かつては旧陸軍第七師団の軍都であったが、町をとりまく大雪連山の眺めは、四季息をのむほどに美しい。夜八時、ナインは旭川に着いた。

翌六月一八日、試合前に立教大学同窓会主催の、長嶋はじめナインがセンセイになる、市内小中高校生の野球教室が始まったとき、今は公営住宅になっているが、旭川駅の隣の宮前球場には、七〇〇〇人の市民がもうスタンドを埋めていた。

午後三時、旭川鉄道管理局と立教との試合が始まった。遠来の黄金チームは、旭川鉄道局を一蹴した。

「一四対一。立教勝つ。長嶋ホームラン」

ニュースはすぐに、北海道の社会人野球の関係者の間を駆けめぐった。立教にせめて一度は土をつけなければ、北海道の面目が立たぬ。全勝で「内地」に帰してはならぬと、申し合わせをしていたのである。

その晩、立教大学旭川同窓会が、市内キャバレー「ニューカレドニア」で歓迎会を開いた。旭川市立図書館長が乾杯の音頭をとった。今なら、なに！　キャバレーで、不謹慎な！　としかられたであろうが、のどかな時代である。

六月一九日、第二戦。立教を迎え撃つのは、小野の「宿敵」東洋高圧砂川である。朝、砂川市内から少し札幌寄りの、豊沼の東洋高圧球場も超満員であった。センターの後ろのジャンプ台にも、ファンが登り始めていた。

試合は東洋高圧が先取点をあげ、東洋高圧の一対〇で七回に入った。走者一塁、長嶋が打席に入った。

「さあ、来い！」

二塁手・渡部久二男がグラブをたたいた。

□　□

渡部は巨人軍初代主将、函館オーシャンの久慈次郎の甥で、昭和二八年に函館西高から巨人に入団した選手である。昭和三一年のキャンプイン直前に、馘首《くひ》を言い渡されたが、餞別《せんべつ》を贈られて憤然とした。冗談じゃあーない、プロ野球はクビになるのも商売だ。こんなカネ使ってしまえ。多摩川の合宿に電話をかけ仲間を呼び出し、新宿で飲み、それからハシゴをやり、翌朝気がついたら浅草にいた。

東洋高圧のエース佐藤公博（阪急）が、得意のスライダーを投げた。長嶋のバットがひらめいた。

――セカンドライナー――

と渡部が判断したとき、打球は頭上を襲った。打球が速くジャンプする間もなかった。

「こりゃあー、いかん」

振りむくとライナーは猛スピードで伸び、高度をぐんぐんあげ、あっという間に右中間のフェンスを越えていた。逆転ツーランホームラン。翔《と》ぶように塁間を走る長嶋を見ながら、つぶやいていた。

「プロ野球をクビになってほんとによかったあー。こんな男が入って来たら、オレなどめしが食えねぇーや」

□　□

立教はそれから夕張、小樽……と転戦し、六月二五日、室蘭に入った。

室蘭は天然の良港で、明治年間石炭の積み出し港として開け、そのあと海軍の支援で、官許・日本製鋼所が作られて栄えた。

富士製鉄の製鉄所は港の東岸にある。昭和二五年に勃発《ぼっぱつ》した朝鮮戦争の特需で活気づき、立教が遠征して来たときで従業員は一万四〇〇〇人。朝、室蘭駅は職場に急ぐ人々であふれ、夜、定時制高校の教室は、働きながら学ぶ、まじめな勤労者で埋まっていた。

立教は二対〇で、綿貫惣司、青池清に始まり、先輩が多かった富士鉄を破った。その晩、先輩たちは後輩たちを、近くの洞爺湖温泉の富士鉄の保養所「湖翠荘」に招いた。

会食前、だれもがひと風呂浴びた。この日、三塁打を打った長嶋はゆっくり湯につかっていた。小野を待っていたのだった。幹事であった小野は、用事をすませてから入って来た。二人きりになると、長嶋は小野に、

「卒業したら富士鉄室蘭にお世話になります。就職よろしくお願いします」

プロ入りを期待されているのに、こう言うのだった。

「おい、何を言っているんだ。そうはいかない」

「いや、死んだ親爺の遺言です。よろしくお願いします」

なんと純真なのだろう。小野は胸を熱くした。たしかに彼の父親利さんは小野に、「卒業したら茂雄をあなたに預けます」と言ったが、状況がまるでちがう。小野は自分の声を励まして、

「なんということを言うんだ。プロへ行け！　プロへ行って、もっと腕を磨け！」

長嶋はこの日からちょうど二年後の昭和三四年六月二五日に、あの天覧ホームランを打つのである。

小野はこのあと、富士鉄室蘭の監督、北海道社会人野球連盟理事長、副会長。仕事では労働部副部長、そして社命で北海道議会議員に立候補して当選。昭和四六年四月から平成七年四月まで六期、議員を務めることになるのであるが、毎年夏、巨人軍の北海道シリーズが始まると、長嶋に陣中見舞いを差し入れていた。

昭和三七年六月二六日から圓山球場で始まった阪神戦のときもそうで、試合が終わった夕方、巨人軍の遠征の宿、中島公園前の「麗水」を訪ねた。長嶋は外出していた。小野は支配人左近に差し入れの品をことずけ、室蘭市知利別の自宅に帰った。

入れちがいに長嶋が戻って来た。「今、小野さんがお見えになりましたが、お帰りになりました。たった今です」と聞かされと、部屋を飛び出し、廊下を走り、玄関を抜け、門の前に出て小野を捜した。左近が追って行くと、長嶋茂雄は裸足《はだし》であった。

長嶋は今も小野の話になると、必ず「小野先生」と言う。小野さんとも先輩とも言わない。小野の公的な立場を考えているのである。巨人軍編成部専任次長、北海高校の快速球投手であった荻野一雄は驚嘆する。

「ぼくらと話すときも、監督は必ず『小野先生』と言うんです」

□　　　　□

立教勢は洞爺湖から、優勝記念北海道遠征最終地の函館に向かった。

……私は函館を訪れると、必ず今も「函館オーシャン」第一八代監督、現役時代は強打の遊撃手であった辻春信と会っている。前回は二人で函館山に登った。美しい町だ。眼下にハリストス正教会の尖塔。東本願寺の瓦屋根。

話しているうちに、立教遠征第一〇戦を思い出したのか、彼は燃えた。

「くやしいのなんの、〇対一〇ですよ」

□　　　□

六月二十七日、両チームは、今のオーシャンスタジアム、当時の千代岱球場でぶつかった。一回、二死から浅井精が四球で歩くと、四番長嶋が〇―二から左翼席にホームラン。

打球はあっという間に、スタンドに消えた。

八回、立教は一死満塁。打順は長嶋である。函館オーシャンのベンチは、先発坂田智司を退け、カーブの切れ味鋭い阿部武司を、第六戦のマウンドに送った。長嶋は、そのカーブをとらえ、またも左翼席にたたき込んだ。満塁ホームラン。

「あとで聞いたらあの日、長嶋くんはおなかをこわしていたんですって……。イカソーメンとアイスクリームを一緒に食べて、『調子が悪くて』と言っていましたよ」

と言うと、辻は、

「あれで不調ですか。計七打点もたたいたのに」

私たちは笑った。

「それでしたら、立教が連絡船で帰るとき、見送りに行けばよかったあー。くやしいから桟橋に行かなかったんですよ」

立教ナインは、全勝で北海道をあとにした。

□　　　　　□

帰京したナインは二カ月後、神宮球場で始まった、第六回全日本大学野球選手権大会に臨んだ。決勝に進み、八月二六日、東都の春の優勝校、専修大学の挑戦を受けた。

専修大は、卒業後日本石油に入社し、二九回の都市対抗全国大会で「橋戸賞」を受賞することになる、伊藤正敏をマウンドに送った。

五回を終わって立教の三対〇、拝藤宣雄（広島）に抑えられて、専修は反撃のきっかけさえつかめない。

それならと、興津達雄（広島）が、二死から三塁前にセーフティーバントをころがした。

「いける！」

専修ベンチが総立ちになったとき、長嶋が突進していた。右手でこのゆるいゴロを掬《すく》い上げると、ランニングスロー。送球は一塁手井上数一（住友工）のファーストミットにぴしゃりと納まった。長嶋はそのままの勢いで、一塁ベンチに飛び込んで行った。

スタンドで見学していた、専修大学の一年生部員・根岸日出一が、「ウー、格好いい！」

根岸は社会人野球NTTで活躍後、今は東京・青梅市に住み、少年野球の監督であるが、もちろん長嶋ファンである。

第四打席は大切

秋のリーグ戦が始まった。立教は東大、法政、早稲田を破った。破竹の進撃である。

立教は明治二回戦を落としたが、一一月二日慶応戦を迎える。ファンは長嶋のバットから連盟新記録の通算八号ホームランが、いつたたきだされるか待っていた。慶応一回戦、立教は六対三で勝ったが、長嶋は四打数一安打、ヒットは単打であった。ホームランはまだ出ない。

一一月三日、慶応二回戦。四年生にはいよいよ最終試合になるかもしれない。一時二五分、主審・戦後苦難期の早大学生監督・相田暢一が、凛《りん》と右手を上げた。

立教は序盤、慶応の林薫に抑えられた。

慶応が押しに押す。四回まで走者六人、○対○で五回に入り、立教の攻撃は長嶋からである。長嶋は第一打席は三塁ゴロに打ち取られている。

長嶋の第二打席であるが、○―二から外角球を大振りした。ファウルだったが、スタンドのファンはホームランを狙っているぞと、大喜びをした。どどっと揺れた。第四球はボールで、一―三となった。

第五球である。

学生野球なら、打者は次の球を一球見てもおかしくないが、長嶋にはそんな気配はない。林は打てるものなら打ってみろと言いたげに、内角低めを強襲した。長嶋が掬い上げた。打球は高く上がり、上がってから伸び左翼席に飛び込んでいった。第八号ホームラン。

天馬空を征《い》く。この言葉がぴったりするほどに、長嶋は塁間を駆け、走り、翔んだ。立教の学生応援団は紙吹雪で祝福した。

□　　　　□

四対〇で試合が終わったとき、立教ナインはだれもが呆《あき》れ顔であった。長嶋が卒業の秋の最終戦で、連盟新記録を樹立したからではない。

第二打席でホームランを打った長嶋は、次の第三打席は敬遠であったが、八回に回って来た第四打席で、慶応の広野（孜）から、慶応の俊英二塁手・本多秀男の左を破り、センター前にヒットを飛ばしたのである。

記録を作ったあとの打席では、多くの選手が力が入り過ぎたり、ほっとし過ぎたりして打てないものだが、見事にたたいたのである。

長嶋はこの日、第一打席の凡退で、打率を〇・二九七に落としていたが、第二打席のホームランで〇・三一五に上げ、第四打席のこの一打で〇・三三三にし、このときまで〇・三二三で打撃成績一位にがんばっていた、法政の牧野宏をあっという間に抜き、首位打者もさらってしまったのである。成田高校出身の牧野は、長嶋の「隣組」であるが、投打に見事な選手であった。

それだけではない。一塁に出た長嶋は乗りに乗って、ツーアウトから二塁盗塁を敢行し、六番片岡の三遊間ヒットで、ホームインさえしているのである。

「すげえーや」、ナインは表彰式閉会式を終えると、野球の楽しさを満喫しながら引き揚げて行ったのである。優勝パレードが待っていた。

長嶋は、はや「第四打席」を大切にする男になっていた。巨人入団後の、あの劇的な天覧ホームランも「第四打席」でのことである。

いったい、いつから、この打席に全力を傾けるようになったのだろうか。

私は、長嶋が風呂当番をやっていた荒井のところにやって来て、「オレ、もう野球ができなくなるかもしれないなあー」とさびしそうな顔をして言った、あのあとからではなかったか、と思っている。

昭和五六年八月二九日、アメリカを訪ねていた私は、「ハリウッドナイト」で賑わっていたロサンゼルスのドジャースタジアムで偶然長嶋に会った。巨人軍の監督（第一次）を退いた翌年のことである。

彼も大リーグの視察に来ていた。

空に星、ブルペンに椰子の木、ハモンドオルガンの演奏、ピーナッツ売り。華やかなスタンドが、ＯＮ時代を思い出させたのだろうか。

試合が終わってから、ドジャースの会長秘書、アイク生原（昭宏）と三人で、ボナベンチャーホテルへ行った。ホテルの前ではテレビ映画「アンタッチャブル」の夜間撮影をやっていた。

バーに入ると、メキシコ人のバンドがマリアッチを演奏していた。監督在任六年の苦渋がそうさせたのか、現役時代は一滴も飲まなかった彼も、宮崎では麦焼酎を飲みだしていたが、この晩は水割りになった。彼は一気に話しだした。話しながらスナックを、速射砲のようにポンポン、口に放り込んでいた。

「第四打席は大切です。それまで三打席はヒットなしでもいいんです。この打席が明日につながるからです。今日は大リーガーのだれがそうしているか、それを見ていたんです。わたしも第四打席は、ていねいにていねいに打ってきました」

決しておのれの芸を語らない長嶋だが、珍しく語った。異国の夜がそうさせたのか。とうと う午前二時になった。

翌朝、このホテルに事務所を持っている私の友人に、バンドマンが聞いたという。

「あのハポネと友だちか。ハポネはいったい何を話していたんだ。オレたちの演奏より楽しい話か」

□　　　□

立教はこうして春秋連覇を果たした。この連勝は、翌年、投手森滝義己、五代友和、捕手片岡宏雄ら後輩たちに受け継がれ、春秋に勝ち、四連覇をなしとげることになるのである。

第2章

ジャイアンツの選手時代(上)

昭和三三―四一年

昭和36年、ベロビーチキャンプの長嶋選手（右から二人目）
（写真提供／生原昭宏氏）

巨人軍に入団

昭和三二年一二月七日、長嶋は巨人軍に入団した。

「球団社長の品川さんに『長嶋くん、なにボヤボヤしているんだ。早く契約書にサインをしたまえ』と、しかられましてねえー、まいりましたよ」と、楽しそうに笑った。

球団社長、品川主計は明治二〇年、福井県に生まれ、旧制第六高等学校、東京帝国大学法学部を卒業し、内務省に入省、京都府内務部長、満州（中国東北部）局監察官などを歴任した。剛直気骨の人である。正力に「正力くん」と言えるただ一人の人である。

この入団の陰には、好村や小野の励ましや、立教の先輩、産経新聞社運動部長田中稔の、「多くの人々に見てもらえ」

やさしい進言があった。彼は合宿の隣に住んでいたから、入部したときから後輩たちのだれをもよく知っていて、だれに対しても愛情を注いでいた。卒業が近づいた後輩には、実に丹念に、就職の世話もしていた。

□　　　　　　□

長嶋の背番号は〈3〉に決まった。

球団は〈15〉を勧め、巨人軍の「不動の四番」「弾丸ライナー」の川上哲治の〈16〉と並べたかったようだったが、長嶋は〈3〉を選んだ。

知ってのとおり、背番号は一九二九年、ニューヨーク・ヤンキースがファンサービスに、打順に従ってつけたのが始まりであるが、長嶋は立教のユニホームがヤンキースにならったものであったことから、少年のような心で、「世紀の本塁打王」ベーブ・ルースの〈3〉を選んだと思える。

巨人軍の〈3〉は、結団すると、すぐに実施された昭和一〇年の第一回アメリカ遠征で、トップバッター・二塁手、広陵中学―明治大学の田部武雄が、いちばん初めにつけていた。

田部は北米大陸転戦一一〇試合で一〇五盗塁。在留邦人を熱狂させた。

翌昭和一一年、二度目のアメリカ遠征の直前に退団した。長嶋が生まれた年である。そのあと大連に渡り、やがて応召。昭和二〇年、沖縄で八九連隊の兵士として戦死した。旭川の護国神社の一隅には、この部隊の鎮魂碑があるが、彼の名まえが刻まれている。広島育ちの田部には、北海道の雪は寒かろう。

〈3〉は、田部のあと、松本商業―早大の中島治康に受け継がれた。

強肩中島は、ライト前ヒットの打者走者を、矢のような送球で、一塁でしばしば刺した。ライトゴロ、アウトである。そして、豪打。打ち出すとかため打ち。昭和一三年春、日本プロ野球初の三冠王である。当時私たちは中島をベーブと呼んでいたが、ベーブの九号ホームランと一〇号ホームランを幸運にも見ることができた。黒いボールが、お客さんが少ない、後楽園球場のレフトスタンドに飛び込んだのが思い出される。職業野球もそろそろ戦時色に染められ始めていた。白いボールではなかった。

中島は、長嶋が巨人軍に入団し、とんでもない高い球に手を出し、空振りすると、

「それでよし。あの球は長嶋のストライクゾーンなのだ。バッキャーロ！」

と喜んでいた。バッキャーロは、人恋しいときや、うれしいときの中島の口癖である。

戦後、〈3〉は主将、二塁手、「猛牛」千葉茂が背中につけた。千葉は大試合のことという場面で、バッターボックスに入ると、ピッチャーがモーションを起こしても、バットをかついだまま、ソッポを向いていた。ピッチャーには、打つのか待つのか分からない。面食らいながらも得意の球を投げ込むと、ファウルされた。スタンドのファンは、

「千葉のファウル打ちが始まったぞ」

喝采した。ピッチャーは投げる球、投げる球をファウルされる。ヘトヘトになったところで痛打された。

守りのダブルプレーも猛然としていた。ファンはくるりと回る〈3〉番を見ながら、しきりに噂《うわさ》した。

「うまいもんだ。千葉は、一塁川上を見ないでほおっておるぞ」

後年、千葉に聞くと「猛牛」は笑った。

「わしだってゲッツーのときは、川上を見てほおったよ。わしのダブルプレーには、実戦用と営業用の二つあってな。見ないでほおったのは、あれは営業用のほうや」

営業用とは、お客さんを喜ばせる、試合前のシートノックのことである。

それにしても、中島といい千葉といい、巨人軍には豪勇選手がそろっていた。戦死した捕手吉原正喜もそうであった。それは「海内無双」強かったタイガースを倒すために、勇敢な選手を集めた、当時のチーム編成方針ゆえだった。いい選手でも、スマートな選手は取らなかった。

□　　　　　　□

巨人ファンは、長嶋への期待と獲得の喜びにわいた。巨人軍はこの年日本選手権で、中西太らの西鉄に、完膚なきまでにたたきのめされていた。

プロ野球創業期からネット裏で見続けてきた評論家、大和球士が、東京会館で開かれた巨人軍の招待記者会でスピーチした。

「大巨人軍が、職業野球だというのに、一介の書生さんの獲得を以て、補強こと成れりとするのは、いかにもさびしいことだが、今年の場合はこの限りではない。いや、おめでとう」

巷《ちまた》では〈有楽町で逢いましょう〉が流行《はや》っていた。

それからおよそ二週間後に召集された国会で、長嶋獲得が取り上げられた。衆議院予算委員会で、自由民主党の小川半次（当時の京都一区選出）が質問に立ったのである。

「このたび、巨人に入団した長嶋茂雄くんの契約金は、莫大なものであったと伝えられる。人身売買の疑いはないのか」

法務大臣、唐沢俊樹が答弁に立った。唐沢は、戦争中、内閣法制局長官であったことから、戦後占領時代に公職追放になり「浪人」をしていたときに、「大映スターズ」のオーナー、永田雅一の俠気で、球団社長に迎えられていたことがあった。

「えー、わたしが球団社長をしておりましたときに、『大映スターズ』は、長嶋くんのような選手を補強しなかったから、いつもビリだったのであります」

委員会は爆笑の渦であった。

長嶋の契約金は一八〇〇万円（推定）である。この昭和三〇年代前半は、プロ野球の契約金が安定していたときで、大学・社会人から入団する選手の契約金の標準は、一〇〇〇万円であった。

アグレッシブ

昭和三三年が明け、卒業試験が終わった二月一五日、長嶋は巨人軍のキャンプ地・兵庫県明石に向けて発つことになった。ジャイアンツのキャンプは、すでに始まっていた。

夜行寝台列車「さつま」が入線した。

東京駅には、下級生たちが見送りに来ていた。

長嶋は卒業に当たって、アイスホッケー部の田名部匡省（日本アイスホッケー連盟副会長、元農林水産大臣）とともに学長賞を受賞し、百合の花を形どった銀バッジを贈られていた。

長嶋は学生服である。背広は持っていたが、当時の学生選手は、金ボタンの学生服が正装だと考えていた。

発車のベルが鳴った。プロ野球の新時代が幕を開ける、開演のベルだったとも言えた。

「先輩、がんばってください」

下級生たちはそう言って、別れを惜しんだ。長嶋も、

「あとを頼んだぞ」

学生帽を脱ぎ、合宿で同室だった一年生の三塁手、枝松道輝（岡山東高）に贈った。荒井が目をうるませていた。荒井には合宿を出るときに、グリーンのコートを贈っていた。

何があってもケロリとしている長嶋も、このときばかりは悲壮な思いだった。広い世の中に出て行く日だ。

長嶋はこの日のことをおぼえていて、翌三四年、荒井たちの卒業式が終わった夕方、連覇の僚友だった外野手柴田中城（芦屋高）と、二塁手、「ユーちゃん」こと高橋孝夫（仙台二高、立教大学野球部ＯＢ会会長）と、デーゲームのオープン戦が終わった夕方、後楽園球場から合宿にやって来て、

「卒業おめでとう。昨年はわざわざありがとう」

見送りをとりまとめてくれた……と、荒井と、愛媛県新田高校出身の加藤友康にお礼を述べている。加藤は今は、社会人野球の神奈川県連盟の理事長で、多くの人々に慕われている。

長嶋はそれから二人を連れて、日本橋の三越本店近くの「テーラー後藤」に行き、二人に

「さあー、好きな背広を作れ」と卒業祝いに贈った。背広は一着三万円。東長崎の駅のそばの食堂で、コロッケが一つ七円のときである。この背広は、今も吹田市江坂の荒井の家にある。が、彼は一度も袖を通していない。

平成一二年三月、甲子園球場でセンバツが始まっていた晩、江坂で荒井に会うと、

「先輩のココロがありがたくて、もったいなくて着られません。飾ってあります」

このあと、五人の六本木・四川飯店での食事は楽しいものであった。長嶋の歓待は尽きなかった。それから、みんなを中野新橋の料亭に案内した。今の相撲の二子山部屋の近くである。

□　□

二月一六日の朝、一〇時少し前、急行「さつま」は勢いよく、明石駅のプラットホームに滑り込んだ。

同行して来た巨人軍・野球部長、若林俊治は感無量であった。若林は長嶋が、昭和二八年のあの夏、高校野球の南関東大会の大宮球場で、ホームランを打ったとあとで聞いて、新学期が始まった九月になって、佐倉一高を訪ねている。松本千代二が若林の重厚な人柄に感じ入り、長嶋をわざわざ校長室に呼んでくれた。

「色が白くてねー。校長先生の背中に隠れるようにしていたよ。おとなしい生徒だと思いました」

後年、自由が丘の「楼蘭」で開かれた「多摩川寮友会」で述懐しているが、進学と聞いて、

松本にていねいにお礼を述べて辞去している。

明石は海から眺めると、まるで西洋皿を伏せたように見えるが、段丘の町で奥が深く、閑静な住宅地である。日本の名ランナー、村上講平の住まいも丘の奥にあった。

ふだんは静かで、この町に泊まっていても、救急車のサイレンなどめったに聞かないが、この朝ばかりは長嶋をひと目見ようと、駅の改札前の狭い広場は、五〇〇〇人の市民で埋めつくされ、あふれていた。

長嶋が改札口に姿を現すと、大歓声があがった。巨人軍のキャンプの宿「大手旅館」へは、山陽本線の線路に沿った道を歩いて行くと、五分もかからないのに、長嶋はファンにもみくちゃにされ、四〇分かかって、やっと玄関にたどり着いた。

この日、巨人軍は練習休みであったが、強者たちは、だれ一人この新人を迎えなかった。当然である。プロ野球は男の世界である。

宿の主人公、横山茂雄が出迎えた。

このキャンプ地は、特に戦後、巨人軍にとって、絶好の練習拠点であった。魚が豊富である。選手が好きな肉は神戸牛が手に入る。米は三田米をヤミで入手できた。横山がルートを持っていたのである。難点は、日によっては冷え込むことである。あの時代、食べものが手に入るのには替えられない。

休日の息抜きに行くのに神戸も近い。神戸のバーにはおもしろいカクテルがあった。「サブマリン」。ビールとウイスキーを割るのであるが、だれがそう言いだしたのか、いかにも船員が多かった港町らしくもあった。

横山は淡路島の出身で、苦労人である。

監督水原茂夫人が、東京から宿に下着を届けに来たときに、水原が玄関で追い返そうとしたことがあった。

「何しに来た。キャンプは女が来るところではない。すぐ帰れ」

まあまあととりなして、夫人のために別に宿をとったのも横山である。

「さあ、さあ、お疲れでしょう」

横山は長嶋をひとまず、二階別室に案内し、茶漬けを出し、

「ゆっくり、お休みください」

そっと、襖を閉めた。

□　□

二月一七日、休み明けの練習が始まった。球場は、宿の前の踏み切りを渡ると、そこがもう明石公園で、そのなかにある。この踏み切りは一度遮断機が下りると、開くまでが長い。貨物列車が西下して行く。朝早く起き、一軍の選手が来るまでに、オレたちだけの練習をしようと走ってきた二軍選手は、轟音のなかで泣き顔でいる。が、遮断機の前で疾走の勢いのまま、ももあげをやっていた。

昔に比べ、公園の松林の松が少なくなったが、それでも風をさえぎっている。寒い日には粉雪が舞ったが、晴れた日には、明石城の天守閣がまぶしかった。

長嶋が練習開始のキャッチボールを、入団四年目の馬場正平投手、のちのプロレスのジャイアント・馬場とやった……と後年伝えられ、有名な話になったが、私にはその記憶がない。馬場には、寮長武宮敏明が昼休みに、一つじゃあーたりないだろうと、自分の弁当を与えていたのが思い出される。

亜細亜大学野球部OB会長、関勝治は、走る姿にその選手のココロと、チームの野球への取り組みが映し出されると言うが、私には、長嶋の最初のランニングが目に焼きついている。見事な前傾姿勢であった。懸命な疾走であった。

午後になって、前年かぎりで巨人軍を退き、この年から野球評論家になっていた南村不可止が、監督水原に挨拶した。

「長嶋の入団、おめでとうございます。サードの穴がやっと埋まりましたね。それだけに長嶋のけがこわいですね」

先ほども話したように、巨人軍は宇野光雄を国鉄にゆずってから、苦戦の連続であった。ハワイ出身の松岡文治を起用したが、掛け声は大きいのに動けなかった。「守備また攻撃なり」が持論の水原は、ショート広岡を転用したがものたりない。それならと外野手岩本尭をもってきたが、無理だった。

水原は、南村の挨拶に笑った。

「ナンちゃん。何年野球をやってきたんだ。長嶋がけがをする選手かどうか、見れば分かるだろう」

アゴをあげ、ピューと口笛を吹いた。上機嫌である。もしそう言ったのが歴戦の南村でなければ「このホケ！」と言ったにちがいない。補欠とボケとを組み合わせた水原得意の台詞《せりふ》である。水原の視線の先は長嶋であった。

数日後の午後、バッティングケージが取り払われ、実戦形式のレギュラーバッティングにさしかかった。水原は長嶋の打席に、速球と「ドロップ」の堀内庄をマウンドに送った。堀内庄は鼻をふくらませて、長身を運んだ。

堀内庄は、昭和二九年に、松商学園から巨人軍に入団した。昭和三一年秋、日米野球のためにブルックリン・ドジャースが来日すると、若手投手同士で、後年のドジャースの黄金の右腕、ドン・ドライスデールと仲よしになった。堀内はドジャースに注目され、大リーグに誘われた。

昭和三二年春、ベロビーチに「留学」したが、帰って来たときは速かったあー。外角低めに快速球。キャッチャー藤尾茂が、一瞬、ミットを出したのでは間に合わないと、右手を出しかけたことが何度もあった。

今は、「博多運輸」の社長であるが、会うと、

「昭和三〇年の新日本リーグで、タイガース二軍「ジャガース」に勝った次の日の朝、武宮さ

んが、ごほうびに、わしだけに食べさせてくれたパンは、おいしかったなあー。あのトーストは厚くて、五センチもあったなあー。ほら、大阪のスポーツマンホテルで……」

まだ言っているが、巨人軍のピッチャーのなかで最も純情な若者である。

実は、水原は前夜、堀内庄を自分の部屋に呼んでいた。

「なあー、庄！　こんど入って来た長嶋だが、いくらすごいと騒がれたって、プロ野球じゃあー、まだ赤ん坊だよ。庄の球など打てるわけがない。あしたはそっと投げて打たせてやれ！」

堀内庄が鼻をふくらませて、マウンドに向かって行ったわけだ。水原は、ますますにくい親爺である。

キャンプを打ち上げると、巨人はオープン戦のため、高知に移動した。第一戦は阪急戦である。高知のキャバレーでは、翌年ペギー葉山によってヒットする〈南国土佐を後にして〉がさかんに歌われていた。もともとは朝倉の四八連隊の兵士たちによって歌われていた、望郷の歌である。

三月一日、小雨が残っていたが、朝早くから当日券を求める市民が、鏡川のほとりの球場を取り巻いていた。午前六時には三〇〇〇人を数えていた。

長嶋は八回、満塁のチャンスに、阪急の左腕梶本隆夫からレフト前にヒットを放った。オープン戦とはいえ、プロ入り初安打である。梶本は前の年に二四勝している。長嶋は特に左投手に強かった。

試合が終わると、仲がよかった阪急の三塁手、和歌山向陽高―鐘淵化学の、増田浩が私に告げた。

「長嶋はすごいですよ。バッターボックスに向かってくるとき、サッサッサッと、スパイクで砂を噛《か》む音が聞こえてくるんです」

これほど見事な、新人長嶋活写を他に知らない。増田はその後、昭和三六年に、テストを受けて巨人軍に入団し、長嶋とめぐり合う。今は、埼玉県比企郡小川町に住んでいる。彼の兄は、戦前の都市対抗チーム「全京城」のショートで、小野の富士鉄室蘭にいた。私とはそういう縁があった。

長嶋はオープン戦一九試合で、七ホームラン。ファンに明るい春を運んだ。

□　　□

昭和三三年四月五日、セ・リーグが開幕する。長嶋の公式戦デビューに、プロ野球は空前の人気である。後楽園スタジアムの株が、買いで値段が上がったが、証券取引の東京・兜町では、長嶋のサインが引っ張りだこだった。長嶋が「長嶋茂雄」と一気に書くと、その形が伊勢海老の姿にそっくりで、また株値がハネあがる。縁起がいいというのだった。

それまでファンに求められる巨人軍のサインは、白い絹地か色紙かに、寄せ書きであった。ファンに頼まれたマネジャーや若い選手は大変だった。チームには序列がある。監督水原が書かなければ、選手は決して筆を手にしなかった。選手の間にも、精神的な序列がある。それがチームの重みにもなっていた。若い選手たちが余白にサインをするのは、先輩のずうーっとあとである。遠征先なら、頼まれた男は部屋部屋を回らなければならない。失礼します……と言って襖を開けると、たいていはマージャンで熱くなっている。まさかサインをもらうわけにはいかない。こんな時代をあっという間に変えたのは、長嶋の入団である。ファンの頼みが殺到し、寄せ書きなどしていられなくなったのだ。

巨人対国鉄の試合開始が近づき、私が放送のゴンドラ席に向かうため、階段をのぼって行くと、後楽園球場にかけつけて来た砂押が、二階席への階段を駆けのぼって行く後ろ姿が見えた。

微風快晴。先発メンバーが発表された。うぐいす嬢、塩沢（柳）昌子のアナウンスもはずんでいた。

〈巨人〉
(左) 与那嶺
(遊) 広岡
(三) 長嶋
(一) 川上
(右) 宮本
(中) 岩本
(二) 土屋

（捕）藤尾
（投）藤田

長嶋は「球界の天皇」金田正一と対決したが、金田の球勢はすさまじく、四打席四三振に打ち取られた。

長嶋のバッティングは、金田にバラバラにされ、棒振りダンスと言ってもよかった。

街の野球では、高い球を振っても、低い球を打ちにいっても、空振りばかりの相手バッターを、「天井掃除に床掃除」とはやし立て、からかったものだが、この日の長嶋はこれと変わりがなかった。一九球の出来事である。

が、この男には見逃しのストライクは一球もなかった。金田の快速球が谷田のミットに入ってからでも、振りに出ていた。

試合が終わると、世田谷区野沢の自宅に帰る四番川上が、長嶋を車に乗せた。長嶋の下宿は、間もなく野沢に決まる。

川上は車を神宮外苑に走らせた。この新人をなぐさめようというのであった。いちょう並木の樹々が、青い芽を吹きはじめている。カーラジオからシャンソンが流れていた。車は長嶋にとって思い出多い、神宮球場の前を通り、外苑前交差点を右折した。

そのときだった。

「つまらん……」

川上はラジオのボタンを押し直した。浪曲が流れて来た。

「うむ。これでよし！」

川上が巨人軍に入団したのは、昭和一三年であるが、広沢虎造らの浪曲全盛期である。このときも、浪曲は庶民の間に根づよい人気があった。

必ずしも、川上が乱暴であったわけではない。

「……まいりましたよ。せっかく、シャンソンを聴いてうっとりしていたのに、突然、アーイ、ペペン、ペン、ペン……でしょ。がっくりきましたよ。四三振はするし……」

とは言ったが、明るく笑っていた。こう言って、周囲を笑わせたのである。

お客さんに、ことあるごとに喜んでもらおうという、彼の旺盛なサービス精神はもう始まっていた。

四月六日、長嶋は、同じ後楽園球場での国鉄とのダブルヘッダー第二試合、対国鉄三回戦で、三林清二のとんでもない高い球を、大根切りで中堅フェンスにたたきつけ、公式戦初安打を記録した。開幕第一戦にいきなりドン底に突き落とされると、新人はそれをいつまでも引きずるものだが、ケロリとしてヒットしたのである。

ドジャースの監督であったトム・ラソーダの、ミーティングのときの口癖を借りて言うと、「アグレッシブ、オーバー・アグレッシブ」な新人であった。

そう言えば、武宮敏明は、長嶋が第二次監督になったとき、球団フロントがヘッドコーチに須藤豊を先に決めていたのを、残念がった。

「長嶋には青田（昇）がいい。いや、青田しかいない。青田なら長嶋の攻撃野球を本当に理解できる」

　そのとおりである。

□　□

　公式戦が進んで行った。

　私はそのころ、後楽園球場での試合前には、いつも一塁側巨人のロッカールームの前の廊下にいた。シートノックが始まる時間が近づくと、選手たちがまるで熱いフライパンの上で、豆が弾けるように、ロッカールームから飛び出してくるのを見るのが楽しかった。いちばん初めに出てくるのは、昭和三一年、山口高校から入団した控えの内野手、藤本伸である。

　投手藤田元司は、アンダーシャツを一枚だけきちんとたたみ、左脇にはさんでいることが多かった。彼は毎日鍛え抜いているから、夏でもほとんど汗をかかなかった。試合中にアンダーシャツを着替えることはなかったが、念のために用意していた。巨人の投手たちが、アンダーシャツを何枚も抱えてベンチに向かうようになったのは、江川卓以来である。藤田が静かに歩いて行ったのにくらべ、野手たちはだれもが駆け足であった。はやる思いを抑えることができなかったのである。スパイクの金具がコンクリートの床にぶっかり、カチカチと鳴った。

□　□

ONが現役を退いてから、巨人軍も遠くなった。

グラウンドに出てからも、お客さんの前で歩いている選手がいる。肩をゆすって歩くのが、カッコいいと思い込んでいるのか。

極端な例だが、平成一〇年五月九日、清原は東京ドームで、一塁ベンチを出てから一塁守備位置に着くのに三三秒。この日、二塁手に起用された元木は、五四秒もかかっていた。これでは勝利も遠い。第一に本人、第二にコーチが気をつけなければいけない。守備位置への疾走が見事であったのは高田繁、今は高橋由伸である。

□　　　　□

もちろん、シートノック開始が近づくと、長嶋も廊下を走って行ったが、

「熱くて熱くて……」

彼はこのとき、決まって耳を赤く染めていた。そういえば前後するが、試合前の練習が終わると、ロッカールーム前の廊下の奥の風呂に急行し、洗い桶に水をたたえ、頭から何杯も、ざぶざぶとかぶっていることがよくあった。

長嶋は八月六日、広島市民球場での広島戦から、巨人軍の「四番」に座った。開幕から八五試合目のことである。この日、長嶋は先制ホームランを打っている。おのれの節目にも、催事にも強い「お祭り男」の本領を発揮しようとしていた。

第一年、長嶋は九二打点をたたいた。川上六六打点。与那嶺、藤尾五八打点。ホームランは

二九本。飛び込むのは左中間、中段から上と決まっていた。妙な言い方になるがホームランのコントロールがよかった。ボールのとらえ方が決まっているから、まぐれがなかったのである。彼のホームランは、本当は三〇本であったが、九月一九日、後楽園球場での広島戦で、九州男児・鵜狩道夫からホームランを打ったのに、勢い余って一塁ベースを踏み忘れたのはご愛きょうであった。

試合が終わると、長嶋は成城の石原裕次郎の家を訪ね、一杯飲み、ご愛きょうホームランを打ったバットに、サインをして帰った。

長嶋は、打点と本塁打、打撃二部門でタイトルを取ったが、打率は〇・三〇五で二位。〇・三二〇で首位打者となった、阪神の田宮謙次郎に及ばなかったが、一二〇試合で一五三本のヒットを飛ばしている。

タイトルを超え見事であったのは、疾走である。凡ゴロを打ったときでも、一塁に向かってももを高くあげ、腕をよく振り、懸命に走った。この年、併殺打が三でしかなかったのは、驚嘆すべきことであった。

そこで、間もなく、全日制ナイター中継・ラジオ第一号局の日本短波放送「ラジオたんぱ」から「名放送」が飛び出すことになるのである。

「……巨人阪神、伝統の一戦は、一対一の同点で七回に入りました。長嶋、ツーベースヒットで二塁にがんばっています。バッターは坂崎、ここで一撃出れば、きょうの藤田の出来から見て、決勝点となりましょう」

昼間、「ラジオたんぱ」が売りの競馬中継をしゃべり、夜、後楽園球場のゴンドラ席に駆けつけて来た、アナウンサーの熱演が続いた。

「坂崎、打ったあー。センター前ヒット！　長嶋、俊足を飛ばして三塁を回った、センター、バックホーム！　長嶋、懸命に本塁に向かっています。長嶋茂雄ォー、今、一着でゴールインー！」

巨人は七七勝で優勝した。長嶋は新人王。ネット裏では最高殊勲選手（MVP）に推す声もあがったが、二九勝の藤田元司が当選し、受賞した。長嶋は歴史を積み重ねなければならなかった。

□　□

平成七年夏、四谷三丁目の鮨屋で、国鉄スワローズの投手村田元一にばったり会った。彼と会うのは久しぶりのことである。彼は昭和三二年入団選手であるが、第一年が二軍暮らしであったので、昭和三三年は新人王の選考対象有資格選手であった。この年一五勝をあげたのに、新人王になれなかった。今なら黙って当選しているであろう。この話になると彼は笑った。

「相手が悪いや」

このセリフは長嶋への敬愛をこめて、多くの男たちによって使われることになる。たとえば、昭和三七年一一月一四日、宇都宮球場での日米野球一四戦、大毎巨人軍対デトロイト・タイガース。先発、大毎の、丸善石油の都市対抗優勝投手西三雄が力投し、アール・ケーラインらのタイガース打線をぴしゃりと抑えていた。

終盤に入った七回、ベンチで「オールスター男」山内一弘が、西に握手を求め、

「おめでとう。殊勲賞確実や。帰りを楽しみにしとるからな」

毎日新聞社から殊勲選手に、金一封が贈られることになっている。帰りにイッパイやろうというのである。西のピッチングはいよいよ冴《さ》えた。試合が終わり、表彰式が始まると、殊勲賞を受け取ったのは長嶋茂雄である。

「相手が悪いや」

山内と西は笑った。長嶋が三安打を放っていた。

□

□

日本シリーズは、巨人・西鉄が三たび激突した。が、巨人はまたも敗れる。第七戦が終わると、川上哲治がバットを置いた。長嶋が少年時代から憧れていた、ミスター・タイガース藤村富美男も、この年かぎりで現役のグラウンドを去る。プロ野球は回り舞台のように、ぐるりと回り、次景に移ろうとしていた。

天覧試合のバット

昭和三四年、長嶋はプロ野球二年目である。二月一日、注目の新人、早稲田実業の超高校級

投手・王貞治が、午前一一時、東京駅発の急行「高千穂」で東京を発った。巨人のキャンプは、この日から宮崎で始まっていた。

王が宮崎駅に着くのは、翌二日の午後である。遠い旅である。

「退屈などしませんでしたよ。前の席のおばあさんと仲よしになり、ずうーっと話していましたよ。楽しかったですよ」

宮崎に着いたときにそう言ったが、伝え聞いたすぐ上の姉さん、順子さんがうなずいた。

「まあーそうですか。サダハルはおばあちゃんが大好きなんですよ。中学に入ってからでも、可愛がってくれる近所のオセンベ屋さんのおばあちゃんちに、ちょいちょい泊まりに行っていたんです」

巨人はこの年、宮崎にキャンプ地を移していた。一般に日本のキャンプ地は、北に山があって冷たい風をさえぎり、南が海で、沖合に黒潮が流れているところが、暖かくて、早春の練習に適している。この点、宮崎は申し分のないキャンプ地であった。

それまで、この町には、近鉄が毎年キャンプインしていたが、この年宮崎を引き揚げ、愛媛県今治に移ったのである。そのあとに巨人が入ったのだった。のちのV9を思うと、巨人にはそういう運があったのだろうか。

近鉄は前の年、わずか二九勝でペナントレースを終えていた。強力チームを作ろうと、オーナー佐伯勇が、巨人軍球団社長・品川主計を再三にわたって訪ね、「猛牛」千葉の監督就任を要請したのである。大阪に向かう前日、千葉は終日、巨人軍多摩川練習場を、土堤の上からじっと見ていた。

千葉を監督に迎え、近鉄はチームのニックネームを「パールズ」から千葉の愛称にちなんで「バファローズ」に改めるなど、チームの一新強化を図ったのである。ここまではよかったが、絶好のキャンプ地を手放してしまったのである。球団に、新キャンプ地の十分な調査があったかどうか、疑問が残る。

今治は美しい町だが、北は瀬戸内海、南は石槌山系の山々、冷たい風が降りてくる。私は千葉新体制下のキャンプの宿「菊水別館」に数日滞在していたが、夜、出港して行く定期航路の船の汽笛を聞きながら、千葉の前途を思っていた。しんしんと冷えた。

□　□

王はキャンプ二日目に宮崎に着いた。駅には、昭和二七年、長野県辰野高校から入団していた大型捕手、山崎弘美（ＯＢ会事務局長）が迎えに来ていた。辰野は、夏は飛び交うほたるが美しい町である。正式にはマネジャーではなかったが、毎年入団して来る若い選手の面倒を見ているうちに、そういう役目になっていた。

山崎は、王を待たせてあったタクシーに乗せた。タクシーは、スイと走り、大淀川のほとりの宮崎観光ホテルに着いた。途中、信号が二カ所しかなかった。のどかな町である。一軍宿舎、宮崎観光ホテルは木造で、よき時代の風格が残っていた。監督水原は、王を長嶋と同室にと指示していた。

二月三日、挨拶ののち、王はブルペンで投げ出した。球場は今の青島ではなく、日豊本線の宮崎駅の近くにある。駅から歩いてもすぐである。

球場入り口や、一塁側ブルペンのそばには、わた飴や風船を売る屋台が出ていた。南の国の空は海が近いから、より青い。

高校時代、王の球はまるで鉛の球が飛んでくるように、ズドンと重かったが、宮崎では軽く見えたし、走らなかった。午後からは、主力選手のバッティング練習のマシーンの運転係である。昔のマシーンだから、王のユニホームには機械油が飛び散って、すぐに汚れた。

□　□

一週間が過ぎたとき、水原は王の部屋替えを命じた。王は大部屋にほおり込まれた。

この部屋には、調理場を通らなければ行けなかった。渡り廊下もない。ふだんは布団部屋である。大部屋には、捕手森祇晶（横浜監督）など六人がいた。王は七人目の「部屋子」になった。七日間のお客さん待遇であったのだ。水原はこのとき、心のなかでは打者転向を決めていたと思える。この部屋替えは、自分の力ではいあがって来いと、王に無言のうちに言っていたのである。

オープン戦の巨人は多事であった。二月二八日、大阪・日生球場で、千葉茂の近鉄監督就任記念試合、近鉄対巨人があった。四番は長嶋、王はレフトで先発、八番であった。

三月二日、巨人軍は甲子園球場に入った。藤村富美男の引退記念試合の阪神対巨人である。水原がホームベース前で挨拶した。

「阪神電鉄並びに球団幹部に申し上げます。かの、ニューヨークのヤンキースタジアムのセンター奥深く、監督ミラー・ハギンス、ベーブ・ルース、ルー・ゲーリッグの胸像があるごとく、この甲子園球場に藤村富美男くんの胸像を建立されんことを」

格調高く、堂々たる惜別の辞であった。

藤村は、スタンドを埋めたファンに向かって、低く、強い声で、

「わがタイガースに、時をあたえられんことを」

二リーグ分立のときに、阪神の主力選手が毎日に移った戦力低下は、まだ回復していない。藤村の叫びは悲痛であった。

試合は、二回裏、藤村から長さ九二・五センチ、愛用の「物干し竿」バットを贈られた三塁手浅越桂一が、左翼席にホームランをたたき込むと、四回、長島が同じレフトスタンドにホームランを打ち返した。

……やがて一気に春が来た。

四月一日、甲子園球場で、三一回センバツ高校野球が開幕したが、選手の入場行進曲は〈皇太子のタンゴ〉であった。皇太子殿下と正田美智子さんのご成婚は、四月一〇日である。

□　□

四月一一日、長嶋は後楽園球場で二度目の開幕を迎えた。対国鉄戦、王はこの日、初めて一塁手に起用された。打順は七番である。国鉄の先発はもちろん金田正一。王の金田との対戦成績は、三振、四球、三振であった。四球が一つあったのは、未来への蕾《つぼみ》とも言えたが、王はそれからきびしい現実をつきつけられる。二六打席無安打が続いた。四月二七日になって、対国鉄ダブルヘッダーの第二試合で、やっと初安打を打ったが、初安打は村田元一からの、右翼席にかけたアーチであった。決勝ツーランホームランであった。このとき、ハンク・アーロンは通算一四〇号を打っていた。無論、王はハンク・アーロンのことなど、思ってもいない。

この一打で王の前途が開けたわけではない。また、打てない日が続いた。四月三〇日にはさすがの水原も、先発メンバーからはずさないわけにはいかなかった。ゴールデンウイークになると、巨人は名古屋に遠征したが、王がいちばん苦しかったのは、開幕直後よりこの頃である。チームのなかから「月給泥棒」という声があがっていた。が、王は打てなくても、グラウンドでは決して下を向かなかった。顔を上げ、空を見ていた。

五月が月末に近づいた二六日、オリンピックの夏期大会の東京開催が決まった。第一八回のオリンピック大会である。皇太子殿下のご成婚といい、この決定といい、明るい出来事が相次いだが、巨人軍に天皇・皇后両陛下の、巨人阪神ご観戦が伝えられた。後楽園球場にお出かけになるのは、六月二五日である。

六月二二日、晴れの日まであと三日である。私は、遠征から帰って来た長嶋はどうしているかなと、東京・世田谷区野沢の下宿を訪ねた。

玄関で声をかけると、

「どうぞオー」

左手の彼の部屋から、明るい声が返ってきた。長嶋は押し入れに首を突っ込んでいた。

「あれえー、どこへ行ったかな」

バットを捜していた。押し入れのなかには、ざっと見て二〇〇本ほどのバットがあった。

今は運動具会社の球団担当社員が、毎試合チームにぴったりついている。その会社の「アドバイザー」になると、契約金がもらえ、一本二万円もするバットは使い放題である。バッティング練習中にバットを折り、困ったー、これ以上、バットが買えない……と選手の泣き顔を見たのは、二軍時代の大洋の「オバQ」田代富雄が最後である。当時バットは、たしか一本八〇〇〇円ぐらいだったとおぼえている。

「アドバイザー」になると、自分の感覚にぴったり合わないときに困る。カネをもらうのはご免だと、決してならなかったのは、近年ではロッテの有藤通世であるが、もう少しさかのぼると、往時の選手たちは、運動具店の主人や店員が、バットを持って試合前のグラウンドに現れると、まるで、紙芝居がやって来たときの少年のように飛んで行った。

彼らはバットの柾目《まさめ》を見、バットをたたいて、音を聞いてはじきを調べ、握りが自分にぴったり合うかどうかをたしかめ、バットを選び出していた。

西鉄の「怪童」猛打者、中西太は、「きょうは、ひと抱え買うたあー」、楽しそうであった。彼のオシャレであった。

男たちは買い求めたバットで打撃練習に打ち、弾きがよく、球が飛ぶバットを家に持ち帰り、ここという勝負の日に持ち出してくるのであった。毎日オリオンズの「安打製造機」榎本喜八は、湿気を防ぐため、家具屋に特別に「バットたんす」を注文し、そのなかに収納していた。

多分、もうこのような一途な男たちは現れないだろう。プロ野球、創業苦闘の昭和は、フルスピードで、歴史の彼方に行ってしまったという実感につかまることがある。

□　　□

「あったあー」

四〇分ほどたったときだった。長嶋が歓声をあげた。彼が捜し出し、握りしめたのは、アメリカ・大リーグ、ラルフ・カイナーモデルのバットだった。

ラルフ・カイナーは一九二二年、荒涼地・ニューメキシコで生まれ、大戦が終わった翌年、一九四六年、ピッツバーグ・パイレーツにデビューした、海兵隊帰りの怪力打者である。

バットはズッシリと重く、寝かせて構えて打った。そして七年間、ニューヨーク・ジャイアンツのウイリー・メイズや、セントルイス・カージナルスのスタン・ミュージアルらの挑戦を突き放し、ナショナル・リーグの本塁打王のタイトルを獲得している。

ふだん、長嶋が使っている細身のバットとは、タイプがまるでちがう。しかし、私はそうかと思った。この重いバットを短く握り、カチンとたたいて、一発ホームランを狙うのだと見当をつけた。

□　□

六月二五日の朝、この日も後楽園球場の職員たちは総出で、両陛下がお通りになる廊下と階段を磨いていた。

両陛下がお入りになる貴賓室には、すでに、この日のために購入したばかりの、一脚八万円の椅子が二脚、運び込まれていた。ネット裏、スタンド席の上、中央から少し一塁寄りの貴賓室は、昔、映画大会をやったときの映写室のあとである。

通路がピカピカに磨きあげられた。宮内庁職員の下見が始まった。

球場支配人、吉井滋に、

「磨き過ぎる。滑って危険である」

吉井家は、薩摩藩家老の家系で、吉井の父・勇は歌人である。吉井は大正一一年、東京生まれ。学習院中等科、高等科（学習院大学）では野球部主将、キャッチャーである。

そう言われたとき、顔色を変えた。やり直すには時間がない。彼は珍しく怒号した。

「おーい、だれか、倉庫へ行ってロージンバッグを持って来い！　袋を破ってロージンをまけ！」

ピッチャーがマウンドで、ボールのすべり止めに使うあの白い粉だ。野球をやっていなかったら、とっさには思いつかない。

シートノックが始まろうとしていた。あわただしく日が暮れて行く。実況担当であった私は、巨人ベンチのバット立てのなかに、ラルフ・カイナーモデルのバットが納まっているのをたしかめてから、ゴンドラ席に向かった。


〈阪神〉

（遊）吉田
（二）鎌田
（三）三宅
（一）藤本
（左）大津
（右）横山
（中）並木
（捕）山本

〈巨人〉
（左）与那嶺
（遊）広岡
（中）藤尾
（三）長嶋
（右）坂崎
（一）王
（二）土屋
（捕）森

（投）小山　　　　　　（投）藤田

試合は緊迫し、熱戦になった。三回表、阪神が、ピッチャー小山正明のセカンド左を破るヒットで先取点をあげると、五回裏、長嶋がレフトにホームラン。坂崎一彦、ライトへホームラン。巨人が逆転した。二対一。

すると六回表、阪神が藤田を襲った。中前安打、二盗の吉田義男を、三宅秀史が藤田の足元を抜いて還した。同点に追いつき、四番藤本克己がレフトスタンドに、この年の一二号をたたき込んだ。見事なフルスイングであった。四対二。阪神が引っくり返した。

七回表、阪神は二走者を出して巨人を押す。その裏、坂崎がファウルを三本打ってねばったあと、ライトにヒットを放った。続く王は、小山の第一球を空振りした。第二球はファウルであった。王は追い込まれた。小山はボールを二球、さぐりを入れた。第五球、王がライトスタンドに虹のようなアーチをかけた。この年の第四号である。まだ長嶋と王は「ON砲」とネーミングされていないが、最初の「ON」アベックホームランということになる。

王のこの一打で、阪神の監督「カイザー」田中（義雄）は小山を退け、関西大学出身の新人村山実をマウンドに送った。四対四の同点である。相撲で言うとがっぷり四つである。八回表、巨人に絶体絶命のピンチが来た。三宅四球、藤本四球、大津淳が二走者をバントで送った。一死、二、三塁。他の場合とちがって、バントで作られた危機に直面したときの守備陣の重圧は、計り知れないほど大きい。

バッターは横山光次である。大阪の大きなカステラ屋のボンボンであるが、飄々《ひょうひょう》として戦う男である。打席に立っても表情を読みきれない。横山に一撃出ると勝負は決まる。

こういうときには、監督水原はベンチでぐいと水を飲むはずだが、ゴンドラ席からは見えない。力水である。

このとき、藤田の牽制《けんせい》が一閃《いっせん》した。ショート広岡達朗がセカンドベースに飛び込んだ。二塁走者藤本を刺した。藤田の、驕《おご》らず、焦らず、虚心で投げる人柄があって、初めて奏功した美技である。阪神の反攻は潰《つい》えた。

八回裏、巨人無得点。九回表、阪神無得点。こうして九回裏に入った。巨人の攻撃は長嶋からである。

長嶋は村山の、二―二からの第五球をたたいた。白いボールが夜空に吸い込まれるように飛んで行った。左翼線審・富沢宏哉が、ぐるぐると手を回していた。サヨナラホームラン。長嶋の「第四打席」である。長嶋が三塁ベースを回り、本塁に向かったとき、私が「長嶋還る、長嶋還る」と実況したと、友人篠原育夫は言うが、私はおぼえていない。

□　　　□

実はこのときの実況音は残っていない。テレビ局にはビデオはまだない。映画の同時録音機があるにはあったが、回し放しにすると費用がかかるので、回していなかったのである。

ラジオはこの日、ＴＢＳラジオが放送していたが、そのテープもどこへ行ったのか分からなかった。その頃、どの局も、テープは次の番組の収録に、フル回転で使われていたのである。傷みがひどくなると、廃棄処分にされていた。

しばらくして、野球が大好きなプロデューサー・中村英雄が、もったいない、まだどこかにあるはずだと、屑箱のなかを捜した。試聴した。あった。当日、実況を担当したアナウンサー吉川久夫（テレビ高知元常務）がしゃべっている「長嶋ホームラン」の場面が、二〇秒ほど残っていた。

今、時々、プロ野球思い出の名勝負などという番組で、長嶋のホームランが放送されているが、吉川がしゃべったのを除くと、ラジオもテレビも、すべて「実況」音は、あとから吹き込んだものである。

試合が終わると、監督水原は、記者団の求めに応じて、この夜の試合について語った。水原は長嶋をたたえなかった。評価しなかったわけではない。この勝負師は、長嶋が打つのは当たり前だと思っていたのである。巨人軍はそういうチームであった。長嶋も王もこのようなチームで育ち、腕を磨いていく。水原は、藤田と広岡の牽制プレーを激賞した。

□　　□

このときから三二年が過ぎた平成三年、東京ドームのなかにある野球体育博物館で、「ON記念展示」があった。時がたつにつれ、あの日の試合が昭和の名勝負とたたえられている。私は水原を思い浮かべながら、二一番ゲートのそばの入り口を通り、階段を下りた。

展示のロビーには、「長嶋選手が天覧ホームランを打ったバット」という案内があった。

なつかしい。ショーケースをのぞき込んだとき、私はしかし、呆然とした。信州工―亜細亜大―近鉄―中日の左腕小池秀郎が、まさかの逆転ホームランを打たれたとき「からだの骨がバラバラになった」と言ったことがあるが、私は小池の思いを実感した。

「違う」

ラルフ・カイナーモデルではない。バットの焼き印を見た。何度も見たが、バットはデトロイト・タイガースのスマートな強打者、アール・ケーラインのモデルだった。

そうだったのか。私は三二年間、ラルフ・カイナーのバットで打ったのだとばかり思い込んでいたが、ケーラインモデルのバットのほうが、もともと長嶋が愛用していたバットに、タイプが近い。彼は当日、あの押し入れからもう一本、このバットを持って来ていたのだ。タイガースのピッチャーが、小山から村山に代わったとき、勝負勘が閃《ひらめ》き、バットを切り替えて、勝負を決める打席に向かって行ったのであろう。まいった。

そういえば、神宮球場で、東京六大学連盟本塁打新記録の、あの八号を打ったときも、打席に向かう直前、「背中に電気が走り」自分のバットを持って行くのをやめ、たしか、浅井精(平安高)のバットだったと思うが、バットケースから引き抜いて行ったのである。

……このときからまた二年が過ぎた平成五年、ある製作プロダクションから電話があった。

「長嶋さんの『あのホームランはファウルだ！』という番組を作って、日本テレビに納めようと思っています。話を聞かせてください」

「ファウル？　それはマンガですか？」

「いいえ、正真正銘のドキュメンタリー番組です」

「とんでもない」

「えっ！　ファウルじゃあーないんですか。変だな、審判の富沢さんもホームランだと言ってるんですが、阪神タイガースの村山さんが、ファウルだと言っているんです……」

もし、本当に村山がそう言っているのなら、彼はまだカッカと燃えてくやしがっている。村山は、まだ力投していた。

□　□

三四年、長嶋の成績は打率〇・三三四で首位打者。ファンはいよいよ熱狂したが、チームのなかでは、まだ本当の評価は生まれなかった。巨人軍にはピッチャーなら二〇勝を三年、バッターなら打率三割を三年続けて残して、初めて一人前という考え方が定着していた。

最高殊勲選手は前の年に続いて、二七勝の藤田元司。投手で最高殊勲選手に選ばれたのは、巨人軍ではビクトル・スタルヒンと、藤田の二人しかいない。藤田は一七三センチ、六四キロ。完投した翌日でも救援を命じられれば、イヤな顔ひとつしないで、黙々とマウンドに向かって行った。

日本選手権は一〇月二四日から始まった。藤田はペナントレース終盤、酷投から肩を痛めていた。それでも第二戦から投げた。巨人は南海ホークスに四連敗で敗れる。南海のエース・杉浦忠は、途中一日の雨があったが、四連投して四勝。南海の監督「悲運の名将」鶴岡一人は日本一の宿願を果たした。四戦終了後、東京遠征の宿舎、JR中野駅南口「中野ホテル」に引き揚げた南海ナインは、大広間で祝杯をあげ、勝利の美酒に酔った。

ビールは二〇〇〇本、栓を抜いた。日本選手権の最高殊勲選手は、杉浦忠。副賞に贈られたトヨペットクラウンのナンバーは〈三八〇四〉に決まった。ペナントレースでの成績、三八勝四敗を記念したものだった。三八勝もすごいが、年にたった四敗でしかなかったというのは実にすごい。球宴後の後半戦には、一敗しかしていなかった。

南海ナインが大阪に凱旋したのは、一〇月三一日早朝である。

大阪を愛し続けた野球評論家、永井正義は万感の思いをこめて書いている。

「夢にまで見た〈御堂筋パレード〉が大阪球場前からスタートしたのは、午前一一時だった。黄色くなった御堂筋の公孫樹《いちょう》の葉が、勝利を祝う紙吹雪と一緒に乱舞した。〈男の花道〉を埋めた熱狂のファンは、大阪府警の発表によると二〇万人以上、この日の『スポーツニッポン』紙は、感激にわくドラマチックなパレード風景の写真と、四試合の経過を大々的に伝える臨時号外を出し、三〇万部を売りつくしたというから、南海ファンも、またいかにこの日を待ちわびていたかが判る」

敗れた巨人のオフはきびしかった。そうでなければならない。選手はファンの非難を浴びた。

昭和三五年、長嶋は打率〇・三三四で、連続して首位打者になったが、巨人はペナントレースで、三原脩の大洋ホエールズに敗れる。昭和二六年から始まった、一騎当千の男たちの第二期黄金時代は完全に終わった。監督水原茂が退陣する。

□　□

長嶋茂雄がチームメートのだれからも敬愛され、一身に信頼を集め、ジャイアンツの中心選手になるのは、川上の監督第一年の昭和三六年からである。

巨人は、春、チーム再建をドジャースにもとめて、ドジャースの教育基地、アメリカ・フロリダ州ベロビーチのドジャータウンに遠征した。ここはもともとは、アメリカ海軍航空隊の搭乗員の訓練基地であったが、大戦後、ドジャースがゆずり受けて、野球基地にしていた。巨人ナインは旧兵舎に入ることになるのであるが、ドジャースでは、春のキャンプを、スプリングキャンプと言わず、「エデュケーショナル・トレーニングキャンプ」と呼称していた。ドジャースはそういう思想を持っている球団である。

巨人ナインは、のちに「空の女王」と呼ばれることになる、就航したばかりの日本航空のDC8で羽田を出発した。

坂崎一彦は首からカメラを二台下げ、手にもう一台持ってタラップをのぼって行った。ナインのだれもが、「なんでも見てやろう」とそんな思いだった。川上は、この頃からこれからは若い選手の時代になると、若いコーチをひそかに探し始めていた。そして中日のショートで現役を退き、『デイリースポーツ』の評論家になっていた牧野茂と、荒川博を秋に採用することになるのである。

ベロビーチから帰って来ると、選手たちの間では「仕事」という言葉が流行《はや》った。たとえば、その試合でヒットを打つと、「きょうはいい仕事をした」というようにだ。

だが、開幕した巨人軍はまったく打てなかった。ひどい状態だった。年度成績でいうと、坂崎が打率〇・二五六。外野手であるから合格成績には遠い。入団二年目の王は〇・二五三。エンディー宮本（敏雄）〇・二三八。森、国松〇・二二三。広岡〇・二〇三。チーム打率は〇・二二七でしかなかった。打てるのは〇・三五三、本塁打二八、首位打者と本塁打王になる長嶋茂雄ただ一人である。

この現実に、川上は試合当日でも、朝、多摩川グラウンドの打ち込みを強行する。甲子園球場で阪神戦を戦うと、三連戦が終わった晩に、芦屋の竹園旅館に宿泊することはなかった。梅田駅に出て、深夜に出る貨物列車に、寝台車を一両つないでもらい、翌朝、東京駅に着くと、そのまま多摩川グラウンドに急行し、打ち込みを続けた。巨人軍の選手に休日はなかった。

川上は、試合ではバントを多用した。バント作戦はネット裏では不評であった。

——つまらない野球をやる——

が、ベンチの選手たちはそうではなかった。だれかが、たとえば相手のエラーや四球で出塁すると、声をそろえて合唱するように叫んだ。

「シゲに回せ！」

「長嶋までつなげ！」

送りバントのサインが発信されると、受信した選手は喜び勇んで、バントをころがした。これ以外に勝利の道はなかった。

ピッチャーも長嶋に打順が回ってくれば、きっと点を取ってくれる。それまでの辛抱だと、スコアボードを振り返りながら、ねばり強く投げた。だから、長嶋が三塁から「さあー、行こう」とグラブをたたくと、ナインは思いを一つにした。

九月になっても、残暑がきびしかった。巨人は首位中日に食いついて、二位にいた。九月七日、長嶋の打率〇・三七四、本塁打二七、打点八一。打撃三部門で一位である。

三冠王……プロ野球界に八月なかばから、久しぶりに声があがっていた。

後楽園球場のスタンドでは、ホットドッグ売りの少年が、

「えー、三冠王はいかがですか」

売り声をはりあげた。ホットドッグはいかがですかとは言わなかった。

「長嶋さんはいかがですか」

これが受けて飛ぶように売れた。賢い少年である。彼はそうではなかったが、春、上野駅には、毎日のように集団就職の少年少女たちが着いていた。日給二五〇円ぐらいだったろうか。がんばればきっといいことがある。ファンは長嶋に夢を託した。

巨人の残り試合は二五。長嶋への敬遠が始まった。長嶋は大洋の桑田武に打点で抜かれた。桑田の前には近藤和彦がいる。それでも打点差を三にちぢめ、追い上げていた九月二八日。後楽園球場で大洋二五回戦を迎えた。

四回裏、長嶋は広岡を二塁に置いて、左腕権藤正利からセカンド左を破るヒットを奪った。広岡がホームイン。打点差は二である。この差なら一気に追い抜ける。

六回表、しかし二死、一、二塁で、巨人の投手中村稔が桑田に打たれた。三五年暮れにクビになるところを武宮に助けられ、この年の正月に多摩川の合宿に一番乗りで戻り、多摩川を走り、ベロビーチで飛び出した中村に、疲れが見える。打球は左中間を深々と破った。打点差は四に開いた。

試合が終わり、ベンチ裏に詰めかけた記者団をかきわけるとき、長嶋はニコッと笑った。くやしいはずであるのに、それはまるで花道を引き揚げて行く、勝ち力士のようであった。その晩、長嶋は世田谷区上北沢（当時）の自宅に急行した。着くと、シャツを脱ぎ、ズボンを脱いではおり投げ、パンツ一枚になると、バットを握りしめ、庭木に向かって剣士のように構え、およそ一一〇〇平方メートルの敷地に植えられた、樹という樹の枝を、ことごとくたたき打った。すさまじい男である。人前では決して見せない、人間的な怒りをたたきつけた。

長嶋は打点王には届かないことになるのだが、彼の打棒がすさまじかった一方で、投手団は、九月に入ると急に息切れを始め、壊滅するのは時間の問題……と見えた。

中村稔は一軍で一年間投げるのは初めてである。藤田は無理をして投げていたが、肩の状態が思わしくない。前年新人王の堀本は無理がたたっている。なにせ六九試合に登板し、なんと三六四回三分の二を投げてきた翌年である。

そのとき、関西駐在新任のスカウト、のちのスカウト部長伊藤菊雄が、関西大を中退するという村瀬広基を連れて上京した。ひそかに西銀座の旅館に投宿。翌朝早く、川上と別所が多摩川でテストをして、即座に採用した。

村瀬は九月一七日、後楽園球場での広島二〇回戦に突然にデビュー。頬っぺたを赤く染めて、快速球とドロップを投げ込み、五対〇、完封で巨人軍に勝利をもたらした。一九歳。それから二一日中日戦、二四日国鉄戦、二七日大洋戦、一〇月一日広島戦、五勝をあげたのである。その後の川上の運命をも左右する、殊勲の力投だった。伊藤菊雄の殊勲でもある。巨人軍は優勝した。最高殊勲選手には長嶋が選ばれた。初の受賞であった。

一〇月二二日、南海との間に日本選手権が始まる。ペナントレースの道のりがけわしく、また前々年、南海に敗れた記憶がナマナマしかったから、巨人軍は緊迫した。長嶋は三塁ベンチで歌った。第一戦の試合前、大阪府警音楽隊が、〈道頓堀行進曲〉を演奏すると、長嶋は三塁ベンチで歌った。

楽しんでいたのではない。堀本も声を張りあげていた。すぐに合唱になった。迫ってくる緊張をはらいのけようとしていたのだ。堀本は大阪に乗り込むとき、新橋のバーに飛び込み、ウイスキーをダブルで二、三杯ひっかけて、新橋駅から遠征列車に飛び乗っていた。そのとき、私は偶然このバーにいた。

日本シリーズは波乱の戦いとなったが、巨人は四勝二敗でチャンピオンフラッグを手にした。六年ぶりのことであった。第六戦が終わったとき、大阪球場の上空は夕焼けであった。日本シリーズの最高殊勲選手は、エンディー宮本である。

巨人が帰京すると、東京・千代田区二番町の日本テレビの庭園で、正力松太郎主催の祝勝会が開かれた。終わると、庭に遠征バッグが二つほおり出されていた。一つは長嶋茂雄の、もう一つは王貞治のバッグだった。届けに行くと、長嶋はまだ宵の口だというのに、倒れるように眠っていた。王はユニホームのままタクシーを拾い、両親が待つ新宿の家に帰り、家族に日本シリーズの場面場面を語っていた。見ると、王のユニホームのズボンが裂けていた。裂けたところは、白い絆創膏で留めてあった。こうして戦ったのだ。

一〇歳上の兄鉄城さんが、続々やってくる祝賀の客に、さりげなく気を使っていた。新宿の食堂で働いていて、月に一回の休みの日に、巨人の試合を見に行くことだけが楽しみなY嬢も、遅くなってお祝いにやって来た。働いている店がやっと閉まったのであろう。長嶋が彼女に愛称を捧げていた。「クレオパトラ」。王家はクレオパトラを家族同様に迎えていた。

この年の暮れ、王は荒川博とまためぐり合うことになる。先ほど少し触れたが、大毎オリオンズの左打者として活躍してきた荒川は、秋に整理になったが、打撃コーチとして巨人軍に迎えられたのである。王は「荒川道場」に通うことになる。

箱根の山ごもり

王が新宿区鶴巻町、早稲田実業横門そばの荒川博の家に通い始めていた、昭和三七年正月、長嶋は仲がよかった石原裕次郎、まき子夫妻と、一月四日、ノースウエスト航空でニューヨークに向かった。憧れのヤンキースタジアムをも訪ねようというのであった。私は今北海道に行くと、ときどき小樽の石原裕次郎記念館に寄り、館員夏伐亮一と「ハレ・コンテッサ」でお茶を飲んでいる。日が暮れかかると、バックグラウンドミュージック〈夜霧よ　今夜もありがとう〉が流れてくるが、長嶋のアメリカの休日の写真が副館長浅野謙治郎の部屋にある。

一月一七日、長嶋は帰国したが、アメリカで風邪を引いた。もともと扁桃腺が弱かったのだが、ニューヨークからフロリダ、フロリダからミネアポリス……と、気候が急変する南下北上を繰り返す旅程だったのである。

この風邪がもとで、長嶋は体調を損ね、開幕してからも回復しないで、入団五年目で初めて打率三割を割った。年度成績は〇・二八八である。

川上が荒川に緊急指令を出したのは、長嶋の不調からであった。六月二四日夜遅く、荒川はヘッドコーチ別所毅彦から、電話で川上の指令を受け取った。

「もう一人、長距離打者を急いで作れ！」、巨人は五連敗を喫している。開幕の阪神連戦に、新人投手・城之内邦雄と柴田勲をぶつけ、なめるな！と、阪神にたたかれ連敗してから、もがき続けている。川上にすれば、新人の強行登板をしてでも、新しい時代を作らなければならなかったのだが。

荒川博は、昭和五年、浅草花川戸で生まれた。土地柄、国際劇場や演芸場に出演している芸人たちが、どれほど稽古に打ち込んでいるかを、見聞きしていた。早稲田実業では左投手として鳴らし、昭和二四年、早稲田大学へ。打者になり、見事に打った。

この時代、私は、新国劇の明治座や歌舞伎座で、彼をよく見かけた。芸への畏敬が、王と始めた荒川の稽古の土台になっている。

王のバットスイングで、荒川家がすぐに畳替えをしなければならなくなったのは、のちによく知られることになったが、足の親指のねじりで切れるのである。荒川はあまりにも傷みが激しいので、柳橋の料亭出入りの畳屋に畳替えを頼んだが、これも長くはもたなかった。稽古が終わると、階下の応接間で、荒川は王に浅草国際劇場の話をしたり、大リーガーの話をしたりした。荒川が毎度語ったのは、ホームラン王、ベーブ・ルースのことではなかった。荒川は優れた大リーグの研究家でもある。

話したのは首位打者七回、一九二二年、二四年、二五年と、打率四割三回、三冠王二回のロジャース・ホーンスビーのことだった。

「なあー王、ホーンスビーはな、生涯、たばこも酒も飲まなかったんだ。目によくないと映画も見なかったんだ。これが本当の職業野球の選手なんだ」

毎日聞かされても、王はもう聞きました、知っています……そんな顔をしなかった。そのたびに大きな目を輝かせた。

別所から電話を受け取ったとき、もう一人の長距離打者候補は、王しかいない。この時点で王のホームランは九号。すでに、王のバッティングフォームは、上体の無駄な力を抜くためにも、右足が一五センチほど上がり始めていた。完成後は三八センチ上がる。六月三〇日夜、荒川と王は「一本足打法」の採用に踏み切った。大きな賭けであり、決断だった。

話は先に進むが、この年のオールスターゲームは、平和台球場から広島市民球場に転戦したが、広島市民球場で、全セントラルの王貞治がバッティング練習を始めると、全パシフィックの男たちは、一本足打法を見て、あ然としていた。

西鉄の口の悪い男は、

「あんな打ち方で、打てるわけがない」

伝え聞いた荒川は言った。

「動中静あり。静中動ありだ。きっとタイトルを取る」

七月一日、川崎球場での対大洋戦で打順一番に入った王は、三回、稲川誠から一本足打法による、第一号ホームランを放った。

巨人はしかし、球宴後の後半、優勝争いから脱落した。チームは別所コーチ退団事件に揺れた。阪神タイガースが優勝した。

一一月二六日、熱海の静観荘で納会があった。朝からどんより曇っている日であった。

□　　　　□

夕方になると、珍しく海は荒れ、海岸にも高い波が打ち寄せていた。大広間に選手がそろい、開宴になった。まもなく下座ステージに東海林太郎が登場し、直立不動の姿勢で歌い出した。ステージのそばの若い選手たちは、勝てなかったシーズンであったこともあって、悪い酒になっていた。ごろんと横になっている選手もいたし、よォーよォーと、冷やかしのヤジを飛ばしている選手もいた。

三八ホームランで、初めて本塁打王と、打点王になっていた王は、中ほどの席にいたが、この往年の名歌手が現れると、浴衣と茶羽織の襟を直し、正座をしていた。そして、東海林太郎が歌い終えると、ありがとうございましたと、畳に手をついて一礼した。すごい男である。王、二二歳である。

ナインはその晩、一泊。翌朝、東京に帰って行った。まだゴルフは一般的ではない。

長嶋は帰らなかった。

その足で熱海から、友人から借りて置いた箱根・仙石原の山荘に直行したのだ。球団の公式行事が終わった翌日から、自己鍛錬を開始しようというのであった。一七九センチ、七四・三キロの彼は、この年八キロも減った体重を取り戻そうというのでもあった。

彼のたった一人の山ごもりの始まりである。長嶋茂雄二六歳、驚嘆すべき反省力である。

王の礼といい、長嶋の発起といい、ＯＮ砲が誕生したのは、この昭和三七年一一月二六日から二七日にかけてのことだったと、私は思っている。

□　□

仙石原の丘の上の山荘の目の前は金時山である、長嶋は、朝、丘を下り、それから一気に金時山に駆けのぼった。途中、小憩することはなかった。山頂からの富士の眺めは格別である。西に乙女峠、三国峠が、青く濃淡に染め分けられている。

一度、山荘に戻ると、夕方、彼は仙石原を思うがままに歩き、走った。芒《すすき》が枯れ残っている。

この年、世界の陸上界は、オーストラリアのセラッピーのマラソン塾を注目していた。セラッピーは、朝、弟子たちに宿舎の掃除をさせ、午前中はアリストテレスを読ませ、午後から原野を歩き、走らせていた。

長嶋はセラッピーを知っていたわけではなかったが、同じようにおのれを鍛え、見つめ直そうとしていた。昔ふうに言うと、山野跋渉《ばっしょう》、セラッピーの塾のように言うと、クロスカントリーをやっていたのである。

やがて長嶋は山荘に戻る。灯がともる。新聞の夕刊を読み、暖炉に薪《まき》をくべ、本を読んだ。私が訪れた週は、童話を読んでいた。こうして眠る前に荘外に出る。寒気が迫る。山の霊気と言ってもよい。バットスイングを始めるのだが、スイングは数振であった。

彼はそれからは、バットを構えると、ぴたりと止め、数秒ののち、構えをほどいた。それを繰り返す。彼の夜の練習はこうであった。

長嶋はバットを構えたとき、「二死満塁カウント、ツウスリー」のバッターボックスなのだと、自分に言い聞かせている。

静寂な闇のなかで、彼の耳にはファンの大歓声が届いている。それは翌三八年の、夏の晩に、私にも分かる。空には星が降るようであった。

二死満塁の気持ち

昭和三八年のキャンプを迎えたとき、巨人軍の首脳陣は戦《おのの》きのなかにいた。その後のV9まで巨人軍を勝たせてきたのは、チームをとりまく緊張である。前年は四位に落ちている。二月一四日、藤尾茂、福田昌久、須藤豊、西山正巳が練習中に負傷した。藤尾の肩からは骨が飛び出し、高熱にうなされた。

監督川上は大きな衝撃を受けた。その晩、西橋通りにコーチを連れて飲みに行った。川上自身がやり切れなかったのであるが、私たちの責任です……と青ざめ、首うなだれているコーチ陣の慰労の意味合いが濃かった。チームを統率する上で、指揮官はこうであろうが。

「ふざけるな。飲みに行くのか。それより藤尾の看病に来い！」

兼任コーチ・遊撃手広岡は川上批判を強めた。

この不気味な淀みを飛ばしたのは長嶋である。前年の成績から、本拠地での主催権を失っていた巨人は、四月一三日、甲子園球場での阪神戦で開幕を迎えたが、一号、二号とホームラン。翌四月一四日の第二戦に第三号。すさまじい復原力である。

王も負けじと打ち出し、巨人は二人の長距離打で、あっという間に一三連勝をやってのけた。『デイリースポーツ』の整理デスクが、ヤンキースのミッキー・マントルとロジャー・マリスが「MM砲」と呼ばれていたのにならって、「ON砲」とネーミングした。

□　　　□

七月二日、巨人は前の年に東京下町、南千住に建設され開場していた「東京スタジアム」に、この年も主催ゲームを持って行った。球場を建てた大毎オリオンズのオーナー、永田雅一の情熱に敬意を表したのである。

センターの後ろにおばけ煙突が見えたが、球場はサンフランシスコのキャンドルスティックパークに似ていて、シャレていた。球場課長は、あの古橋・橋爪の、水泳の橋爪四郎である。永田がその人柄と力量を見込んで、大映本社から派遣していた。

橋爪は下町の人々に気を配り、たとえば、毎日郵便物を届けに来る下谷郵便局の「配達さん」に、月に一回、みなさんでどうぞ、ご苦労さんですねと、招待券を封筒に入れ、そっと渡していた。球場を育てようとしていた。

ONが来る——下町のファンは大喜びであった。売り子たちは一箱五個入りで一〇〇円のおにぎり弁当を、山のように積んで開場を待っていた。

対国鉄戦。巨人の打撃練習が始まった。長嶋の打撃はすさまじかった。来る球、来る球をフルスイングで、ことごとくスタンドにたたき込んだ。それも、ライトスタンド、レフトスタンドと順番に打ち込んだのである。ボールを拾おうと、外野席で少年たちが歓声をあげながら走ると、長嶋は乗りに乗った。ボールは少年たちに向かって、また飛んで行った。

長嶋が打ち終え、バッティングケージから出て来ると、柴田勲が長嶋をつかまえた。昭和三五年夏、三六年春、法政二高の投手として甲子園で全国優勝。三七年度選手として巨人軍に入団後、打者に転向。スイッチヒッターになり、一番に定着しようとしていた。

「長嶋さん、すごいですねえー、右に左に、どうやってホームランを打ち分けるんですか。バッティングを教えてください」

長嶋は初めきょとんとしていた。どうしてそんなことを聞くのだという顔をしていたが、柴田の質問の意味をのみ込んだのか、答えるのであった。男の究極の打撃論である。

「バッティング？　オレにもよく分かんないよ。要するにな、勲！　来た球を思い切りひっぱたけばいいんだ。打つんじゃない。ひっぱたくんだ。なに！　打ち分けだってー。冗談じゃあない。球の行方まで面倒見切れないよ。どこへ飛ぶかー、知るかあー」

間もなく野球が大好きな少年たちに、夏休みがやって来た。長嶋と王は、いよいよ打撃デッドヒートを繰り広げている。巨人は独走した。八月七日、長嶋は、打率、打点、本塁打、打撃三部門でトップに立った。

八月一〇日、長嶋の招きで、佐倉一高の事務長・野球部長、このとき千葉県の出納長であった井原善一郎が、後楽園球場に来場した。阪神戦である。

その晩、長嶋は打てなかった。村山に抑えられて、サードゴロと、三振であった。巨人は〇対一で敗れた。

試合が終わると、長嶋はジャイアンツのロッカールームの前まで来た井原に、

「先生、すみません。ちょっと時間がかかりますが、待っていてください」

あとで食事に行くのだろう。井原はニコニコしながらうなずき、ロッカールームの隣の選手食堂で待つことにした。

長嶋は風呂場に向かった。

この男はふだん、風呂からあがってくると、大急ぎで私服に着替えて、ナインにお先に、と言って、汗を拭き拭き帰ることはなかった。丸椅子を持って来て、ロッカーの前に座り、汗がしずまるのを待つのである。夏でも球場の外に出たときに、ひやりと夜風に当たることがある。こんなことで、ひょいと風邪を引くことだってあるかもしれないからだった。相手チームであるが、国鉄スワローズのマネジャー、小阪三郎がいつも感心していた。小阪はプロ野球創業の昭和一一年の名古屋軍の二塁手である。

□　□

「お待たせしました」

長嶋が井原が待つ食堂にやって来た。いつもよりは時間がかからなかった。少し早く切り上げたのであろう。長嶋は井原を案内し、正面玄関へ行く廊下とは反対の通路へ向かった。この通路は一塁側内野スタンドと、外野ライトスタンドの切れ目近くの出入り口に突き当たる。長嶋は井原と場外に出て、旧電車通りに向かいかけたが、スタンドの切れ目入り口まで来ると、

「先生、ちょっと失礼します」

グラウンドに入った。井原と私もいったい何が起こるのだろうと従った。照明塔の灯はもう消えている。ネット裏上段の記者席の灯だけが、二つ三つ、残っていた。

長嶋はマウンドに立った。だれもいない二階席を見上げる。外野席を振り返る。

「広いなあー。こんなに広いところに、さっきまでお客さんが大勢いたんだなあー」

とつぶやいてから、

「分かったっ、二死満塁だ」

と、マウンドを降りた。私は、箱根の仙石原山荘の夜をハッと思い出した。この男は闇のなかでバットを構え、構えてはほどき、またウムと息を止め、バットを構えていた。それは二死満塁の打席に立っていたのではなかったか。カウント、ツースリーの大歓声を聞いていたのではなかったか。

翌八月一一日、長嶋は対阪神二二回戦の一回裏、いきなり小山からレフトスタンドに、先制ホームランを打ち込んだ。前夜、井原と食事をするはずであろうから、無人のマウンドで別れ

たが、帰宅後、長嶋は庭でバッティングをやったにちがいない。

この八月一一日、セ・リーグは一八節を終えた。長嶋の打率は〇・三五四。二位王〇・三二七。打点は長嶋八七、二位王七〇。本塁打は長嶋二八、王二六。長嶋は三冠王めざして突き進んでいた。

八月一八日、長嶋が二九号本塁打を放つと、王が二八号、二九号と連発した。王が追い上げる。八月二一日、長嶋三〇号、王三一号。「ON」が打ち合うと、中日のチーフスカウト柴田崎雄がうなった。

「結局、空には守っておるヤツがおらん。うーむ、残念。結局」

「結局」は、一大事が起こったときの柴田の口癖である。

八月二五日、長嶋三三号、王も三三号。九月三日、長嶋三六号……。

九月六日、巨人は西下した。そして翌七日、甲子園球場で阪神とぶつかったが、その二四回戦の七回表、長嶋はジーン・バッキーの死球を右手薬指に受けた。長嶋はどちらかというと、バッキーが得意ではなかった。マウンドで白い歯を見せるので、笑っているように見えるからである。それならと向かっていったときに、シュートボールがやって来たのである。

右手を白いバスタオルで包み、バックネットの前を小走りに走り、退場して行くとき、タオルには赤く血がにじんでいた。

「骨よ、折れていてくれるな。頼む」

長嶋は走り去ったが、骨折していた。

欠場五試合。出場後すぐに三七号を打ったが、これ以上、本塁打記録を伸ばすことはできなかった。

九月二七日、王三八号。両雄の本塁打激戦は終わった。王が四〇ホームランで本塁打王。長嶋は打率〇・三四一、打点一一二で首位打者と打点王の二冠だった。

それから長嶋はグラウンドに現れても、ぼんやりと考え込んでいる日が続いた。私が見たかぎりではあるが、これほどに、うつろにも近い長嶋を、それまで見たことはなかった。巨人は一〇月一五日、リーグ優勝を決めた。

一〇月二六日、ナインは西鉄ライオンズとの日本選手権第一戦のため、平和台球場に乗り込んだ。長嶋はまだ考えごとをしているようであった。気温二〇度。スタンドははや超満員。ファンで埋めつくされていた。

ベンチからグラウンドに出て、スタンドを見上げたとき、長嶋は叫んだ。

「うー燃える、燃えるウー」

間もなく、長嶋は、

——燃える男、長嶋茂雄——

と、呼ばれることになるのであるが、この名キャッチコピーの原作者は、長嶋茂雄である。

彼は、このとき、二度にわたる三冠王への挑戦の挫折を乗り越え、翻然と悟ったと思える。この日を境に、本塁打を捨て、阿修羅のように痛打に向かうのである。中前ヒットが増える。王は本塁打王をめざして、更に突き進むことになるのである。

巨人は、最も恐れていた西鉄の鉄腕稲尾和久を倒し、日本選手権を獲得した。

長嶋はこの日本シリーズが終わると、王を育てた荒川に感謝の記念品を贈った。そういう男である。荒川博は、いまは日本Tボール協会の副会長として、早大教授吉村正ともども社会活動をしているが、平成一一年八月末に会ったときも、長嶋に感謝していた。

話があとになったが、この年からペナントレースの最高殊勲選手は「最優秀選手」（MVP）と改称され、長嶋茂雄が受賞した。日本シリーズのMVPも、長嶋であった。

敬天愛人

昭和三九年、プロ野球は東京オリンピックに協力するため、一〇月一〇日の開会式までにペナントレースを終えようと、例年より三週間も早く開幕することになった。それもあって、監督就任四年目の川上は、猛練習をゆるめようとはしなかった。チームの雰囲気は重苦しかった。暮れからトレード強行の噂が吹き荒れていた。もし、明るい長嶋と、一兵士に徹し、ひたむきであった王貞治がいなかったら、巨人は宮崎で「分解」していたかもしれぬと思えるほどであった。

長嶋はキャンプが始まると、筆を執った。人に贈るためではない。おのれの誓いといってよ

っていた。

かった。それを、キャンプの宿、大淀川畔の江南荘の、自分の部屋の小さな違い棚にそっと飾

「敬天愛人」

　天をうらみず　人をとがめず

　唯　誠の足らざるを思う

　その時　鏡をごらん　美しい顔がある

敬天愛人――知ってのとおり西郷南洲の箴言《しんげん》である。そういえば、第一次監督時代、長嶋は青島の宿舎の自室で、キャンプの休日に、南洲を語る薩摩琵琶を、テープではあったがよく聴いていた。夕暮れが近づくと、窓を開け、波の音とともに耳を傾けていた。

セ・リーグは三月二〇日に開幕した。王のバットが火を吐く。第一戦の国鉄戦の三回、金田正一からライト場外に第一号。打球はローラースケート場の屋根にぶつかって止まった。王時代の幕開けの一打でもあった。

五月三日、王は後楽園球場での阪神七回戦で、四打席四ホーマー。阪神ベンチでは、ピッチングコーチ、杉下茂が、「逃げるな。勝負しろ」と、ベンチを出てマウンドに向かうピッチャーを叱咤《しった》していた。見事なプロ野球人である。

試合が終わると、ロッカールームに山のようにホームラン賞が運び込まれて来た。

「うー、気持ちが悪い。ツキ過ぎたあー」

王は賢い若者であった。何一つ、賞品を持ち帰ろうとはしなかった。賞品はすべて、多摩川の二軍合宿に贈られた。

五月五日、後楽園球場に乗り込んで来た、広島の監督・白石勝巳は、初めて王シフトを指示した。打席に立った王は、がらあきの左翼方面を見向きもしなかった。

「チラリとでも見たら、しめたものよ。そのうちに崩れると思ったが、ワンちゃんはすごい男よのオー」

白石は王の青春に感嘆した。王シフト最初の打席の投手は左腕大羽進。王は一塁へのハーフライナーに終わったが、ダブルヘッダー第二試合で、鵜狩道夫からライトに一八号ホームランを打っている。

川上はペナントレースがONの猛打で進んで行っても、この年も、朝の多摩川グラウンドでの打ち込みなど、猛練習をゆるめることはなかった。公式戦がない日も練習だった。

巨人の選手に、この年初めて休日が許されたのは六月八日である。キャンプを打ち上げてから、オープン戦中も休日はなかったが、開幕してから六〇試合を消化してからのことであった。振り返ってみると、選手のだれもが、よくからだがもったものだと思う。

この日長嶋は、朝から庭にデッキチェアを出し、日光浴をしていた。王は、同じ夕方から、新宿伊勢丹デパート近くのピアノレストランでの、知人佐々木寿雄の誕生日祝いのパーティーに出かけた。投手、山崎正之が〈黒い花びら〉を歌った。王は〈ラノビア〉を歌った。池内淳子も来ていた。

この年、巨人は投手団が出遅れ、勝率五割をめざすのが精いっぱいで、八月になって広岡の抗命が起こり、九月三〇日に閉幕した長期リーグ戦は三位であった。阪神が最後の三試合で大洋を抜いて、逆転優勝を飾った。もし、王が本塁打五五の年間本塁打日本記録を作らなかったら、巨人ファンには、もっとさびしい年にはなっていたであろう。MVPは、打点王、本塁打王の王であった。長嶋は打率〇・三一四、セ・リーグ四位である。

ペナントレースが終わると、長嶋と王は、『報知新聞』の連載「ON五輪をゆく」の臨時記者になり、連日競技場を回っていた。長嶋にとっては、巨人が勝てなかったのが、運命のアヤになる。

東京オリンピックが、日本の女子バレーボールチーム「東洋の魔女たち」の活躍などで、日本中をわかせ、人間賛歌の閉会式で終わると、一一月二六日、『報知新聞』のスクープ記事が一面トップを飾った。

「長嶋選手婚約、五輪が結んだ恋」

長嶋はオリンピックコンパニオン、アメリカ・ミネソタ州の聖テレサ大学でフランス語、スペイン語を学び、七月に卒業、帰国後、日本美術史を勉強していた西村亜希子さんとめぐり合った。IOC名誉委員、東龍太郎は伯父である。

報知新聞記者、林富美雄は、結納の朝、早く目をさました長嶋が、自宅周囲のドブ掃除をしたと書いた。人間長嶋茂雄を描いた名作である。長嶋はこの冬も箱根に山ごもりをした。

九連覇スタート

昭和四〇年一月二六日。

長嶋と西村亜希子さんは、東京・渋谷区南平台の渋谷カトリック教会で結婚式をあげた。

二人が誓いの言葉を述べたときに、プロ野球史上空前の大記録となる、巨人軍の九連覇が始まったと言ってもよい。中心選手がよい家庭を作り、ますます野球に打ち込むことになる……という意味でだ。聖歌隊がウエーバーの〈祈り〉を合唱した。

披露宴は、千代田区紀尾井町のホテルニューオータニの芙蓉の間である。ホテルニューオータニは、東京オリンピック開会までに竣工をと、工事が急がれ、九月に落成・開業していたが、それまで客室二〇〇を超えるホテルは、全国で三軒しかなかったから、一七階建て一〇〇〇室の一大国際ホテルの出現は、人々に東京オリンピックを実感させた。

私は社命で披露宴の司会をおおせつかった。前日、立教大学野球部OB、サッポロビールの監督、のちに立教の監督・清水一郎から、ホテルに長嶋へのお祝いが届けられた。なんと木箱に入ったビールが、トラック一台運び込まれた。

清水はのちに日米大学選手権大会が創設されると、これからの時代の後輩たちのためにも、この大会を成功させなければいけないと、大量に入場券を購入し、後輩たちに贈っている。それにしても、長嶋の周囲には、なんと多くの人の彩りがあるのだろう。

乾杯、開宴、エレクトーンの名プレーヤー・吉田新一の演奏が始まる。シャンデリアは明るく、来賓のだれもの顔が輝いていた。

ホテルのウエーターたちは、しかし、来賓たちへのサービスを忘れ、動かなかった。うっとりと、新郎新婦に見とれていた。ほかの宴会場の担当者も、立食式の会場に、長嶋・西村両家の担当のような顔をして、続々とやって来たが、実は新郎新婦を見に来たのである。ボーイ長も副長も、上気しっ放しであった。

彼らの混乱が収まりかけたとき、IOC総会で東京オリンピック誘致の名スピーチをした平沢和重が、祝辞を述べた。いい披露宴になった。引き出物は赤い置き時計であった。

三日後の朝、東京に淡く雪が降った。街を白く薄化粧した。上北沢の家に行くと、長嶋は毛糸のスキー帽をかぶり、たんすを動かし、部屋にはたきをかけながら、

「順境のときも、逆境のときも……」

教会での誓いの言葉をつぶやき、「逆境のときも」というくだりを、何度も繰り返していた。

□　□

この年、巨人に金田正一が入団した。

前年（昭和三九年秋）、国鉄スワローズは経営権を譲渡し、サンケイに引き取られることになった。経営の難しさもあったが、背景には運賃値上げへの批判もあった。

国鉄への愛着捨てがたかった金田だったが、この情勢から、「B級一〇年選手の特権」を行使する決心をした。中日ドラゴンズが契約金一億円、将来の監督を条件に入団交渉したが、金田は巨人を選んだ。日本選手権で投げたかったのだ。契約金は七五〇〇万円だったと推定される。

四月一〇日、後楽園球場はジャイアンツのユニホームを着た、金田の登板にわいたが、五月二二日、金田は完投を目の前にしていた大洋戦の九回表、突然の肘《ひじ》の痛みから降板し、離脱した。

巨人の投手団は、金田の加入に反発していたが、この欠場に勇んだ。「エースのジョー」城之内邦雄が軸になり、二五八イニングを涼しい顔をして投げ、二一勝一三敗。黙々と走り込みを続ける男だった。

中村稔も復活した。前年秋、来日したデトロイト・タイガース戦に好投し、破った勢いをペナントレースに持ち込み、二二〇イニング三分の一を受け持ち、二〇勝四敗。

ファンを喜ばせたのは、「八時半の男」宮田征典の夏の陣の集中救援登板である。出番が来ると、ブルペンで四股《しこ》をふんでから、マウンドに向かって行った。二〇勝五敗。このうち一九勝が救援勝利で、今でいうと四一セーブポイントになる。

守備で投手団を特に助けたのは、東映から移籍のセンター吉田勝豊である。川上はこの年、金田のほかに、吉田や近鉄の関根潤三をチームに加えていた。

吉田は難しい打球をファインプレーに見せないで捕っていた。彼は暇さえあればキャッチボールをやり出す男だった。巨人は九一勝をあげて優勝した。MVPは、本塁打王、打点王の王である。

一〇月三〇日、南海との間に大阪球場で日本シリーズが始まる。川上は一一勝にとどまってはいたが、金田を第一戦のマウンドに送った。前日、巨人の宿舎、芦屋駅前竹園旅館で先発を告げられると、「えっ、ほんまですか」と興奮し、旅館の廊下を走り回った。夢にまで見た日本選手権である。

一、二戦、連勝で帰京した巨人は、文京区湯島天神に近い「花水館」に合宿した。

第三戦の一一月三日、東京は朝から上天気であった。後楽園球場に向かうバスが、花水館に着いた。私は応接間で、陣中見舞いに来ていた「尾久自動車学校」の社長・塩地茂生と話していた。

ユニホームを着て、バスが来るのを待っていた若手選手が乗り込んだ。しばらくすると、玄関でコーチが騒ぎ出した。

「長嶋がいない」

玄関には長嶋のスパイクが二足そろえてある。一足は先が少し長い。雨天用である。晴雨それぞれを用意していたのはさすがだが、肝心の本人がいないというのだった。出発時間を忘れているのかもしれない。

コーチ牧野とマネジャー山崎が、部屋に捜しに行った。いない。ほかの部屋にもいない。

「どこへ行ったんだ」

牧野の目の色が変わった。

そのときである。バスの後ろの座席の窓が開いた。長嶋が首を出した。

「早く行こうぜ。何してんの」

他のコーチも、玄関前に飛び出した。

「おい、そこにいたのか」

「さっきから乗ってましたよ」

「でも、玄関のスパイクは」

「ああ、あれですか。何しろ、わたしゃ、忘れっぽいから、昨日の晩のうちから出しておいたんですよ」

「スパイクは？」

「ちゃんと履いてますよ。別のを……」

バスはナインの爆笑をのせて発車した。

男たちは、後楽園球場の一塁側球場部入り口から、中に入った。

すぐに練習開始である。ナインがグラウンドに飛び出したとき、

「あっ！」

長嶋が叫んだ。

帽子を忘れて来たのである。「泥鰌《どじょう》」こと、左腕投手、田中耕一郎が自分の帽子を脱いで、さっと長嶋に差し出した。サイズが同じなのである。

「サンキュー！」

と叫んで、ベンチを飛び出して行った長嶋の後ろ姿を見ながら、「泥鰌」は「今日は必ず、打つ」と確信した。

□　　　　　□

田中耕一郎は昭和三六年秋、巨人軍有史以来の大補強、一九選手の一人として、宮崎県日向学院から入団した。世田谷区東松原に叔母がいた。明日試合がないという前夜には、寮長武宮の許可をもらって、ときどき泊まりに行っていた。

東松原は、長嶋が世田谷区上北沢の家に帰る途中である。試合が終わると、長嶋が言う。

「乗ってけよ。遠慮すんなよ。通り道だよ。叔母さんちのそばで降ろすからなぁー」

同乗させてもらった田中は、驚嘆した。

「すごい！　大選手だ！」

打てなかった晩は、長嶋の車はまっしぐらに突っ走った。交差点が赤信号でも、一気に突っ切りそうな勢いである。

埼玉県秩父農工の監督として、山間で苦闘し、平成一〇年、多くの教え子に惜しまれながら勇退した増井敏夫は、いつも生徒に「人生、真っ向勝負」と説いて来たが、長嶋の運転は、まさに真っ向勝負だった。早く帰宅し、庭に出て、バットスイングをやろうというのであった。

信号が青になるのを待つ間、長嶋は〈異国の丘〉を歌い、フロントガラスにぶつけた。長嶋にとって、この歌は少年時代の思い出の歌でもある。佐倉五七連隊の兵士として出征し、戦後シベリアに抑留された人々は少なくなかった。

〈我慢だ待ってろ　嵐が過ぎりゃ〉

ここにさしかかると、長嶋は繰り返した。

あっという間に上北沢に着く。長嶋が声をあげる。

「あれ、そうだった。『泥鰌』、すまん、降ろすの忘れちゃった。悪い悪い。これでタクシーを拾って、叔母さんちまで帰ってくれ」

たいていは、五〇〇〇円を田中のポケットにねじ込んだ。一〇〇〇〇円もあれば東松原に戻れる。同乗のたびに小遣いになった。

田中はやがて退団、宮崎に帰った。実家は昔からの大きな酒屋である。父親が言った。

「耕一郎、店を手伝うな。勤めにも出るな。一年間黙って本を読め」

ここにも、りっぱな日本の親爺がいた。彼は今は宮崎市昭和町で、運動具会社を開いている。

が栄えている。キャンプが始まると、じっとしていられない。毎日のように応援に行っている。

□　□

一二時五八分、主審、往年の関大の投手、小島多慶男の右手が上がった。第三戦も先発であった金田が、マウンドでスコアボードに向かって、ピョコンと一礼した。

「あそこに、わしの神様がいるのや」

回数、ボールカウント、アウトカウント、打順を確認しながら投げるのだというのである。

一回裏、長嶋はレフトスタンドへ、先制ツーランホームランをたたき込んだ。田中の確信どおりである。忘れ物をするというのは、それほどまでに思い詰めているのである。長嶋はこの日、三安打。巨人は四勝一敗で南海を破った。日本シリーズのＭＶＰは長嶋であった。いよいよ九連覇が始まる。

プロ野球はこの秋からドラフト制の採用に踏み切る。社会への影響も考え、契約金の高騰を抑えるのが狙いだった。

初めてのドラフトで戸惑った球団も少なくなかったが、一一月一七日、日比谷の日生会館で開かれた、第一回新人選手選択会議で、巨人は一位に甲府商業の堀内恒夫を指名した。その後の堀内の活躍を思えば、スカウト沢田幸夫の大殊勲である。沢田はスカウト仲間から「台風の沢ちゃん」と呼ばれていた。暴風雨の晩に、めざす選手の家の雨戸をたたくのである。

□　　　　　　　　　　　□

昭和四一年、この年もまた川上はチーム強化のため、西鉄から田中久寿男、東映から久保田治をトレードで加えた。監督はもともと戦力はいくらでもほしい。もう十分ということは決してない。またジャイアンツは若い選手の育成のため、ドジャースのケニー・マイヤーズをコーチに迎えた。

巨人の臨戦は、中村稔、宮田の不調、金田の故障で始まったが、投手団の軸となったのは、この年も城之内で二一勝八敗、チームに勢いをもたらしたのは、新人堀内の速球である。

川上は開幕から六試合目の四月一四日、中日球場での中日三回戦に堀内をぶつけた。キャンプから堀内を丹精してきたのは、二軍ピッチングコーチ北川芳男である。

前夜、先発を言い渡された堀内は、甲府商業の監督・菅沼八十八郎に電話をかけた。

「先生、どうしよう」

菅沼は菅沼水晶の社長でもある。人生老練である。

「マウンドに立ったら、第一球を思い切ってバックネットにぶつけなさい」

堀内は規定の投球練習の第一球を、バックネットにぶつけた。中日ベンチはとんでもないヤツが出て来たとあきれ、一方、堀内は落ち着きを取り戻した。宮田の救援をあおいで初登板が初勝利となった。それから、あれよあれよという間に一三連勝。一六勝二敗。一球投げるたびに、帽子のツバが横に曲がったのも初々しかった。これも菅沼の策である。

堀内に、彼のサイズより一センチ大きい帽子をかぶらせたのである。

巨人はV9のなかで最高勝率の〇・六八五、八九勝で優勝した。

長嶋は川上の記録と並ぶ五度目の首位打者で、MVP。王は五年連続本塁打王、三年連続四回目の打点王に輝いた。四一の敬遠四球を乗り越えてのことである。柴田が盗塁王になった。日本シリーズでは南海と対戦。勝敗は四勝二敗であったが、内容は一方的であった。日本選手権のMVPには、またも長嶋が選ばれるのである。

□　□

四一年一二月一日、王貞治が小八重恭子さんと結婚した。挙式は明治神宮、披露宴は、ホテルニューオータニ、芙蓉の間。東京フィルハーモニーの選抜メンバーの迎賓の〈ウィーンの森の物語〉で招待客の入場が始まったが、来賓は一四三七人であった。

柴又顕径寺、「柴又の帝釈さま」の住職、望月日滋が静かに入場したときは、けわしい昭和を生きて来た、王の母親・登美さんは、昔、つらいことがあるとおまいりに行った日々を思い出し、サダちゃんが無事に育ったのも、帝釈さまのおかげです……と、後ろ姿に手を合わせていた。

圧巻であったのは、父親仕福さんの両家代表のお礼の挨拶であった。仕福さんは前夜、巻紙にお礼の言葉を書き、夜遅くまで、まるで小学生が国語の時間に、教科書を大きな声を出して読むように稽古をしていた。

第3章

ジャイアンツの選手時代（下）

昭和四二―四九年

長嶋選手の誓いのことば
（昭和 38 年正月）

走るON砲

昭和四二年を迎えるにあたって、監督川上は記者団を前に「五番がいない」と、しきりに語っていた。長嶋の表現を借りると、「ギラギラ」していた。記者たちは笑った。

「ベーブ・ルースと、ルー・ゲーリッグがいて、まだ不足なんですか」

ルースとゲーリッグというのは、無論、長嶋と王を指している。

川上は五番打者候補として、西鉄の高倉照幸、広島から森永勝也を加え、チーム編成を終えると、六年ぶりに、アメリカ・フロリダ州ベロビーチ、ドジャータウンに遠征した。

トーキョー・ジャイアンツが到着し、練習が進んで行くと、ドジャース職員、生原昭宏（アイク）が大喜びをした。

生原は、田川高校から昭和三〇年に早大に進んだキャッチャーで、卒業後、社会人野球のリッカーミシンを経て、創部、日新しかった亜細亜大学の監督になり、一部昇格を果たすと、アメリカ野球の技術を学ぼうと、「日米野球大使」鈴木惣太郎に紹介状をもらって渡米したのであるが、このとき、アメリカ・大リーグに、まさか厳とし、見事に機能しているフロントの営みがあろうなどとは思ってもいなかった。ドジャース傘下のマイナーリーグ、ワシントン州スポーケンに派遣され、靴みがきから修業をしたあと、ロサンゼルスに配置されていたのである。

「長嶋さん、王さんはすごい。二人のあの姿が本当の日米親善になる」

実際の話、日本からドジャースにプロ野球関係者が見学に来ると、多くの場合はハラハラしどおしである。試合開始に遅れてくる男がいる。それでいて途中で帰ってしまう男がいる。のちのことになるが、小切手に一〇〇ドルと書き込み、チップだと言ってばらまいて歩くテレビ関係者がいる。

あとで同僚職員から、日本人はどうかしている。本当に勉強をしに来ているのかねと、笑われる。つらい。肩書こそ、ドジャース社長秘書とカッコよかったが、野球ビジネスの道はアメリカではきびしい。彼の机と椅子は球団事務所のなかのどこにもなかった。事務所の奥の郵便室で、一日中立ったまま働きどおしであった。

長嶋と王はちがう。ドジャースは、キャンプの夜に、監督ウォルター・オルストンはじめ、チームのスタッフを講師にして、野球講座を用意していた。

講義が始まるときは、一日の練習の疲れが出始める頃である。夜の食事も終わっている。おなかもいっぱいになっている。昼間暑くても夜は涼しい。うとうとと眠くなるときである。

講義が進む。時差がやってくる。選手たちは猛烈な眠けに襲われる。そのときである。

長嶋と王は、眠ってはいけないと、パッと椅子から立ち上がる。ミーティングルームのいちばん後ろに行き、立ったまま講義を聴き、ノートにペンを走らせるのであった。

□　　　　□

昭和六二年五月、フロリダ州セントピータースバーグに、ルーキーリーグへの進級リーグを見に行く途中、ベロビーチに立ち寄ったとき、たまたま、ドジャータウンに、ドジャースの黄金の右腕投手だったドン・ドライスデールが来ていた。

なつかしい。「ON砲」の話を始めた。

「一九六七年のキャンプでは、ナガシマとオーにはまいったよ。練習中にナガシマからメモが来るんだ。今夜は、これとこれが食べたい。夜、ミーティングが終わってから、コテジへ行くから、作っておいてくれ……と。

翌日、今度は、オーから料理のリクエストが来るんだ。おかげでわたしとワイフは、毎日、ドジャースの練習が終わってから、マーケットに買い出しさあー」

楽しそうに笑っていた。

この年、巨人はペナントレースを独走した。サンケイとの対戦成績は二三勝三敗である。翌年、サンケイの監督に就任した別所毅彦は、チームづくりはキャッチャーからと、強肩の仙台育英出身、二年目の加藤俊夫を正捕手に抜擢したが、加藤は長嶋がバッターボックスに入って来ると、うっとりとして、ピッチャーにサインを出すのも忘れ、

「ナガシマサン、がんばってください。あとでサインをお願いします。ボール持って行きますから……」

この年、一番柴田は盗塁記録を七〇に伸ばし、二番土井はつなぎ役に徹した。MVPは打点王、本塁打王の王貞治。巨人は機動力と長打力を兼ね備えた。が、日本シリーズが阪急ブレー

ブスとの対戦と決まると、首脳陣はいつになく緊迫した。阪急にはヘッドコーチに青田昇がいる。スペンサーがいる。走る福本がいる。

一〇月二一日、西宮球場での第一戦は、米田と金田で始まった。米田が力投する。

米田哲也は、昭和三一年、鳥取・境高から阪急に入団し、この年までで二〇勝突破七回、昭和五二年かぎりで、近鉄でユニホームを脱ぐことになるのだが、通算三五〇勝、疲れを知らない男である。

三回表になって、巨人は柴田二塁打、土井死球、王四球、二死満塁のチャンスをつかんだ。

米田はいつものように、帽子を深くかぶっている。バッターからは表情が見えない。長嶋が左肩の上にアゴをのせ、ぴたりとバットを止めようとしていた。

そのとき、二塁手住友平が、一度構えてから二、三歩、一塁寄りに動き、守備位置を変え、腰を落とした。阪急の内野陣の構えが低くそろった。

米田がフォークボールを落とした。

――セカンドゴロ――

一瞬見えたが、打球は住友が初めに構えていたところに飛び、センターに向かってはね飛んで行った。センター前ヒット。巨人は二点をあげた。

テレビの実況中継のゲストとして放送席にいた、南海の監督・鶴岡一人が、

「今、もし阪急のベンチで『二塁が右に寄らなかったら』と、『たら』が取れるようになって

いたら勝てません。（鱈）は北海道にまかせておけばいいのです」

と、解説したのはこのときである。それから球界に「たら論」が、しきりに唱えられるようになった。

長嶋はこの一打で勢いに乗って、この日三安打。日本シリーズは後楽園球場に一度舞台を移してから、巨人の三勝二敗で、再び西宮球場に戻ったが、第六戦の四回、無死満塁でタイムリーヒット。この日、長嶋と入れ代わって四番であった王が、バックスクリーンに大ホームラン。これが巨人四勝二敗で制勝のフィナーレであった。巨人は三連覇である。

後年、巨人軍・花の昭和一三年組のよしみで、千葉が川上をつかまえ、九連覇をいうのに、

「哲ちゃん、棚から牡丹餅二つか」

川上が噴き出し、

「茂やん、わしだって棚ぐらいゆすったさ」

腹をゆすって答えたこんにゃく問答は、ファンにもよく知られているが、両雄、「名勝負」である。

□　　　□

昭和四三年に明治大学から入団した高田繁が、早々と評価されたのは、台湾台中でのキャンプのときからである。打球はあまり飛ばなかったが、頭の近くにボールを投げられても、ひょいと顔を動かすだけで、決して逃げなかったからである。

ペナントレースが始まり、レフトに起用されると、後楽園球場の一塁ベンチを飛び出し、見事に疾走した。六五ストライドで守備についた。定位置近くまで走り、そのあと歩くということは決してなかった。相手の攻撃が終わり、ベンチに帰って来るときも、必ず六五ストライドであった。高田の加入によって、巨人軍は柴田、土井……、黒江、高田……と、二組の一、二番を持つことになった。

どの監督も、長打力と機動力を兼ね備える打線を作るのが夢である。しかし、多くの場合、夢のまた夢に終わる。そうなれば退陣しかない。が、川上巨人は、とうとう兼備したのである。

夏が来る。

夏が来ても、ON砲は試合前の練習で走る。走り込むから、玉のような汗を、ぽたぽたと落とすようなことはない。二人とも、目のまわりにだけ、小さな粒の汗を宿していた。汗が光る。それが巨人軍に夏の陣が来た私の実感であった。

そんなある日、後楽園球場前の広場で、千葉・敬愛高―明大―本田技研の内野手、のちに本田技研鈴鹿の監督になる大里昌平に、ばったり会った。

やっと休暇が取れたので、久しぶりに野球を見に来たのだと言う。住まいは千葉県八街、落花生の町である。長嶋の臼井とは準「隣組」である。まだ日が高い。試合が始まるにはだいぶ間がある。彼と会うのは久しぶりなので、お茶を飲むことにした。話をしていると、ひょいと言った。

「長嶋さんに会いたいです。といってご迷惑をかけますから、話をさせていただかなくていいんです。遠くからお辞儀だけできれば、こんなにうれしいことはありません」

聞いてみると、彼がまだ八街中学の三年生であった、昭和三一年の春休みのある日。突然に八街中学の野球部監督・奈良誠から集合がかかった。奈良は佐倉一高で、長嶋と同級生のピッチャーであるが、このときは八街駅前で書店を開いていた。

急なことだったので、八街町営グラウンドに集まった野球部員は五人。彼はそのなかの一人だった。

しばらくすると、立教大学のもうすぐ三年生になる長嶋がやって来て、練習着に着替え始めた。奈良によると、臼井の家に帰って来た長嶋から電話がかかって来て、調子が悪いので、バッティングを見てくれというのだったという。

「シゲよォー、バッティングには理屈はねえーからよォー、オレが投げるから打てよ」

よォーよォーというのは、楽しい仲間と会ったときの千葉コトバである。

長嶋にそう言ってから、奈良は五人に向かって、

「みんな、悪いけど守ってくれ。けどなあー、革ボールは危ないから、土堤の向こうに行ってくれ。捕るんじゃーないぞ。シゲの当たりはぶっとぶからなあー。球だけ拾ってくれよな」

奈良は長嶋がやってくるまでに用意した硬球を、袋のなかから取り出して投げた。昌平少年には、こうまでして野球を求めていた長嶋が忘れられないのだ。

そろそろ、巨人の練習が終わる頃である。

頃合を見計らって、ロッカールームからベンチに向かう通路へ行った。巨人の練習は終わっていた。選手たちはロッカールームに入っている。待っていると、シートノックが始まる時間が近づいた。

にぎやかに、ナインがベンチに向かい出した。長嶋もロッカールームから走って来た。大里が一礼した。長嶋が足を止めた。

「ああ、あの時の、八街の……」

長嶋は一二年前の少年をおぼえていた。

「あのときは、本当にありがとう」

と言ってから、左手にはめていたグラブを抜き出し、大里にプレゼントしようとした。当然のことながら大里は辞退した。もうシートノックが始まる。

それにアマチュアとはいえ、彼も野球人である。当時、新しいグラブを実戦で使えるようにするためには、キャンプのときから使い込んで慣らし、どれほど手入れをし、時間をかけてきたか、彼にも分かる。

長嶋はしかし、

「さ、遠慮しないで……まだあるよ」

大里にグラブを押しつけるようにして贈ると、くるりと背中を向け、ロッカールームに引き返して行った。背番号〈3〉番が走って行った。

戻ってくるときには、すでに実戦で使えるようにしてあったグラブを、左手にはめていた。大里の前を走り過ぎるときには、ニコッと笑った。このときに、私にも分かったことだが、彼のロッカールームには、すぐに使えるグラブが、まだほかに一つあった。周到な用意である。

……この年、ジャイアンツは二位阪神に五ゲームの差をつけ、七七勝で優勝した。首位打者、本塁打王、王。打点王、MVP、長嶋。長嶋と王の二人で、二四四打点をたたき出していた。チーム成績のなかでは、死球五〇が敢闘の証明として注目された。日本選手権では再び阪急を破った。ペナントレースで新人王に選ばれた高田が、日本シリーズのMVPに輝いた。

さあ、行こう

昭和四四年、巨人軍は黄金期の真っただ中である。キャンプでは「ON」が率先して特訓の猛ノックを受ける。結団時、巨人軍の開祖といってよい沢村栄治とバッテリーを組んだ、スカウト・内堀保が、木が堅いトネリコのノックバットを、バットケースから引き抜き、握りしめている。実戦さながらの強烈な、ときにはねじれる打球をたたき出そうというのである。

内堀は東京・碑文谷の自宅の庭に植えた八重桜が咲くと、縁側に出て花を見上げ、昭和一〇年二月一四日、秩父丸で横浜を発ち、太平洋の波濤《はとう》を越えて征《い》った渡米遠征歌を口ずさむ。監督三宅大輔が、不安な若者たちを励まそうと作ったのである。内堀はこの渡米遠征直前に入団したのであるが、職業野球に入ったのが理由で、「野球統制令」に引っかかって、長崎商業が卒業を認めなかった。

〈若き血潮の高鳴りて　春鹿島立つこの誇り
朝日照りそう旗の色　八重の潮路を乗越えて
アメリカの野に咲き誇る　東都の桜君見ずや〉

□　　　　□

「さあー来い！」長嶋が内堀に向かって叫ぶ。

「もう一丁！」王が叫ぶ。

泥がはね飛ぶ。二人はたちまち泥だらけになる。「ON」がこうである限り、チームはゆるがない。両雄はノックが終わると、グラウンドならしのトンボをかける。

明日は休日……という日のチームの練習が終わると、選手たちは、ライトの後ろの陸上競技場で走る。一周四〇〇メートルのトラックを一〇周する。四〇〇〇メートル走である。選手は思い思いにスタートする。ONが走る。軽やかに疾走する若い選手もいる。途中で脚が上がらなくなるベテラン選手もいる。それでもやめることはない。昭和四二年の日本シリーズのMVP森が力走する。ナインが隊列を組み、掛け声をかけて走るのではない。一人一人がそれぞれ完走するところに意味があった。

翌日、休日の午後、土井正三が宿舎江南荘を出ると、大淀川にかかる橘橋を渡り、街の和菓子の老舗に餅菓子を買いに行く。彼がうぐいす餅を買って帰る日あたりから、宮崎には一気に春が来るのである。

□　　□

「……そうだったのか」と、私が当時の「ＯＮ」を探している自分に気がついたのは「ＯＮ」が現役を引退し、ずいぶんたってからである。スタンドに座ったり、記者席に入ったりすると、反射的に、三塁手と一塁手に目が行くのである。

たとえば、近鉄の試合、三塁手中村紀洋がチェンジになって守備につき、一塁手がコロコロとゴロをころがすときである。中村は三塁ベースより、比較的後ろにいる。いいぞと思う。ゴロが来る。ダッシュする。そのとき、私は心のなかで叫んでいる。

「もっと、突っ込め！」

中村が力強い三塁手であるだけに、なおさらである。

私はこういうときに、長嶋を思い出している。長嶋はチェンジになって守備に向かうと、三塁ベースから五メートル、ときには七メートル後ろに行く。ラインの真上にいる。

王からころがってくるゴロをここで取り、王に送球する。見事な遠投である。三遊間の当たりは、抜かれても単打で止まるが、ライン上を抜かれれば、少なくても二塁打になる。長嶋はこんなに短い時間に、そういう事態に備え、三塁をホットコーナーにしたのだ。

そして、王が二本目のゴロをころがしてくると、今度はこの深い地点から、猛ダッシュをする。突進は内野手のいのちである。

長嶋の送球を受けるとき、王は必ず正対して取る。送球が正面に来ているのに、逆シングルで取るような無精はしない。王には逆足もなかった。

王は一塁から内野手に、一生懸命、ていねいにコロコロとゴロをころがした。中日、巨人時代の落合博満、巨人での清原和博は、キャッチボールと変わらないように、ボールを送っている。たいていは三塁手の目の前でポンと一度だけはずむ送りである。ときには面倒くさそうにほおっていた。だから近鉄のフィル・クラークが一塁手に起用されたときに、一生懸命ころがしているのはうれしかった。平成一二年五月二〇日、一塁手に起用された巨人のマルちゃん(マルチネス)が、王ほどではなかったが、内野手のことを考えて結構ゴロをころがしているのには、往時が少しだけ甦《よみがえ》ってくるようで、胸がおどった。

巨人にピンチがくると、王は実によくアウトカウントを叫んだ。ピッチャーに走り寄り、激励を終えるとマウンドで一回、一塁守備位置に戻るときに指を出し、手を高く上げ、ナインに向かって一回、守備位置に戻り着き、構える前に自分に向かって一回、少なくても三回は叫んだ。アウトカウントによって、次のプレーがちがってくるからである。平成一二年四月一二日、神宮球場での亜細亜大学対東洋大学二回戦。横浜高校で松坂大輔とバッテリーを組んでいた、亜細亜大の二年生捕手、小山良男はアウトをとるたびに、指を出し、手を高く上げ、だれからでもよく見えるように、くるくると回していた。

野球は一つである。

長嶋も三塁から「さあー、行こう」と、よく声を出し、チームを引っぱっていた。

長嶋が好きで、すぐそばで見たいと、わざわざ後楽園球場の、三塁側のいちばん前の年間予約席を買っている先輩が、応援に来ている晩は、巨人の勝ちがほぼ決まった七回表か八回表になると、声を出してから、ぐっと腰を落として構え、グラブの下から指を二本出して、先輩にサインを送っていた。二本は箸、今夜は帰りに和食！　というのである。指を一本だけ出すときもあった。一本はナイフ、今夜は洋食、ああ、ハラ減ったというシグナルである。すると長嶋は、ピッチャーが次の球を投げたあと、

「さあー、行こう」

と、また声をあげるのであるが、このときばかりは、前よりも声が大きくなった。正直な男である。そのたびに、私は三塁側年間予約席の通路や、三塁側カメラマン席の後ろのほうで微笑んでいた……。

巨人は優勝した。七三勝。二位阪神、六八勝。首位打者、本塁打王、王貞治。打点王、長嶋であった。日本選手権では阪急を四勝二敗で破り、一〇月九日に亡くなったプロ野球の父、正力松太郎翁の霊前に、チャンピオンフラッグを捧げた。日本選手権のMVPは長嶋である。

□　　　　□

昭和四五年一〇月二二日。巨人はデーゲームの中日球場でこの年の優勝を決めた。四四年の

七三勝に六勝上積みをし、七九勝であった。巨人が六連覇を達成したその晩、私が仕事を終え、東京に帰るため新幹線に乗ると、偶然砂押の隣の席であった。砂押は役員をしている会社の大阪出張の帰りだった。

「長嶋は今日は打ちましたか」

と聞いてから、

「わたしはこの前、長嶋に教えられましたよ」

砂押は、東京の西の郊外、小金井の自宅に、長嶋から電話がかかって来たところから話しだした。

「バッティングを見てください。どこかがずれているんです」

長嶋が言った。

「おいおい、むちゃを言うなよ。巨人のコーチに失礼に当たるじゃあーないか」

「とにかくお願いします。つかめないんです」

電話はそこで切れた。

しばらくすると、玄関のほうでにぎやかな声がした。長嶋が来たのだろう。砂押は奥の部屋で書見《しょけん》をしていた。

家内と久しぶりなので、おしゃべりをしているのだろう、そのうちに部屋に入ってくるだろうと、砂押は思っていた。時間がたった。

「お願いします」庭のほうで声がした。障子を開け、庭を見たときに、砂押は胸を突かれた。一般に、バッティングを見てくださいと、教えを請いに来る選手は、背広の上着だけを脱ぎ、Yシャツ姿でお願いします……と言うものであるが、長嶋はそうではなかった。

「……感激しました。読売ジャイアンツのユニホームを持参して来ていたんです。長嶋はユニホームに着替え、帽子をきちんとかぶり、スパイクを履き、試合のときと同じ完全軍装だったんです。わたしはプロ野球では、国鉄、サンケイにお世話になった人間（監督）ですが、チームを超え、この心に打たれました。

それだけだったのではないんです。ひょいと見ると、長嶋はうっすらと汗をかいていたんです。バットスイングをやってから、わたしに声をかけたんです」

砂押はひかり号が東京駅に着くまで、長嶋を語り続けた。

□

□

プロ野球は前の年の秋、西鉄の投手・永易将之が暴力団とかかわりあいを持ち、八百長試合をやっていたのが発覚し、これがきっかけで、同様の選手の永久追放が相次いで、この年になっても揺れ動いていた。

このような年であっただけに、砂押を訪ねた長嶋の求道は、より意味があった。

年度、首位打者、本塁打王、MVP、王。打点王、長嶋。昭和四三年から三年つづけて打撃三部門のタイトルホルダーは、このとおりである。別の言い方をすると、長嶋は三年連続して、王の三冠王を阻止したと言える。すさまじい執念である。

特にこの四五年は、打率〇・二六九であったのに、一〇五打点をたたき出しているのである。

平成一一年の成績から、打率〇・二六九の選手を捜してみると、一人だけいた。オリックスの田口壮がそうであるが、田口の打点は五六である。田口を決してけなしているのではない。

長嶋のすごさにうなるばかりである。

□　□

ロッテとの日本選手権は、一〇月二七日の第一戦、黒江のサヨナラホームランで幕を開け、巨人の連勝で、舞台を後楽園球場から東京球場に移した。第三戦の前日、長嶋は、

「ネット裏のいちばん前で、ロッテのオーナー、永田（雅一）さんが手を合わせ、選手の無事とチームの勝利を一生懸命祈っていました。あの姿を見たら泣けてきます。とても打てるものではありません」

と言った。一、二戦の成績は七打数で一安打に過ぎなかった。

ところが第三戦が始まると、なんのなんの、すさまじい猛打をたたきつけた。四回、この年二一勝の木樽正明から右翼スタンドにホームラン。三対三の延長一一回、一六勝の小山から左翼席に決勝ホームラン。初球をたたいて決着をつけた。

巨人は勝運に乗る。続く四戦には、長嶋が二五勝の成田文男からシリーズ三号、四号。成田はけれん味のない右腕速球投手である。

第五戦は、二戦から当たりが止まっていた黒江が先制ツーラン。黒江はこの日四打席四安打であった。巨人は四勝一敗で日本シリーズを制した。

試合が終わり、グラウンドで表彰式の準備が始まると、ベンチではナインが黒江に、

「クロちゃん、前へ出ろよ。MVPだってな」

からかったのだが、黒江は乗った。

……が、発表は、長嶋茂雄である。一九打数八安打、四本塁打、〇・四二一、六打点。表彰式が終わると、黒江は、ナインの一人一人をつかまえて、

「おーい、もう一試合やろう。もう一試合！」、ナインは笑いころげた。

監督川上が「八連覇までは必ずいきます」と明言し、関係者を驚かせたのは、この年の納会でのことである。

一二月一日、王が恭子夫人とアメリカに飛んだ。現地時間一二月三日、アメリカ野球機構から特別表彰を受けるのである。会場のロサンゼルス・ビバリーヒルトンホテルに、正力亨オーナー夫妻、王夫妻が着くと、ドジャースのオーナー、ピーター・オマーリー、ヤンキースのジョー・ディマジオ、ジャイアンツのウイリー・メイズに迎えられた。

午後七時からカクテルパーティーが始まり、晩餐会、表彰式は八時からであった。司会はボブ・ホープである。今日、日本とアメリカとの野球交流が盛んになっているが、道を開いたのは、王の日本での活躍であり、王の表彰を世界の野球のためにと推進した、ピーター・オマー

リーである。

ピーター・オマーリーといえば、平成五年秋、彼は渡米して来た長嶋と、ロサンゼルス、日本総領事・登誠一郎と会食したときに、長嶋に、日本の野茂は大リーグで通用するだろうかと尋ねている。ドジャースは、野茂英雄を獲得すべきかどうかを検討しているときであった。

「大切なことです。二日ほど待ってください」と、長嶋は答えた。国際電話で正確な情報を集め、検討の上、回答しようとしていたのである。

登はのちに『ロサンゼルス・サン』に述べている。

「野茂のドジャース入りが決まったのは、まちがいなく長嶋さんゆえです。大切なことですから……と軽々に即答しなかった長嶋さんの、誠実な姿ゆえです」

日米野球友好でも、二人は「ON砲」である。

求道と人間らしさと

昭和四六年、川上巨人は三度目のベロビーチ遠征を実施した。川上は現地で、選手に野球技術について言うことはほとんどなかった。

「どうだ。よく眠れたか」

「食事は十分とれているか」

「時差は大丈夫か」

アメリカ時間の三月一〇日。巨人ナインはオープン戦のため、朝早くバスでベロビーチを発ち、フォートマイヤーズに向かった。フォートマイヤーズは、ボストン・レッドソックスの春の拠点でもあるが、この日の対戦相手は、カンザスシティー・ロイヤルズである。午後一時四五分、テリーパークで試合が始まった。この球場はアメリカ最古の球場の一つで、一九〇四年に建てられている。ファンも関係者も、球場の歴史を大事にし、誇りに思っている。今も年に一度、全米大学二五二チームがここに集まっている。

二回、巨人は長嶋のレフト前ヒットに始まり、黒江、末次が続き、三連打で先取点をあげた。三回、長嶋がバッターボックスに入った。ロイヤルズのピッチャーは、ロジャー・ネルソンである。大リーグ五年目、二七歳。翌年一一勝六敗、防御率二・〇八の成績をあげることになる。監督ボブ・レモンは前年半ばに監督に就任し、チームづくりに懸命なときであった。

ネルソンが一九〇センチの長身から、角度のある速球を投げ込んだ。長嶋が捕えた。打球は左中間深く飛び込んでいった。ツーランホームラン。長嶋がホームインした。

このときの長嶋のホームランのボールは、実は日本にある。広島カープのトレーニングコーチ・石橋秀幸が持っている。

石橋は、呉市広高校から日本体育大学に進み、昭和六二年トレーニングコーチとして、広島カープに入団したが、カープのオーナー代行・球団常務、松田元はカープの将来のために、この誠実で礼儀正しい若者を、平成七年、慶応義塾大学スポーツ医学研究センターに勉強に派遣した。

一年ののち広島に帰ると、オーナー代行は石橋にコンピューターと英語の再勉強を命じたあと、平成九年、提携球団、ボストン・レッドソックスに「留学」させたのである。彼はこうして、フォートマイヤーズのテリーパークを訪れたのである。実際にユニホームを着て、若い選手といっしょになってトレーニングに取り組んでいる彼に、市の体育協会の関係者の一人が、

「この球場で、大リーガーを相手にすごいホームランを打った、日本の選手のホームランボールをプレゼントしよう。歴史的なホームランと言ってもよい。名前はナガシマ」

彼はボールを差し出した。長嶋のサインがある。石橋はしかし、固辞した。

「ありがとう。でも、わたしがいただくわけにはいかない。フォートマイヤーズ市に、いつまでも残して置いてください」

「いや、ぜひ、受け取ってほしい。フォートマイヤーズと、ヒロシマとが友好都市となるように……。心配しなくていい。わたしはナガシマがホームインしたときの、ホームベースを持っているんだ……」

石橋はいずれ、このボールをヒロシマに寄贈するだろう。

□　　　　　　　　　　　　　　□

試合は七対四で巨人が勝った。巨人の先発「メリーちゃん」渡辺秀武が好投した。渡辺は今は広島カープのスカウトであるが、大学野球の若いOBや関係者に尊敬されている。決して威

張らないからである。

三月一九日、巨人ナインは帰国した。オープン戦は三勝三敗であった。

長嶋は開幕すると、前年の打撃不振をはねかえし、打率〇・三二〇で首位打者のタイトルを奪回し、MVPを獲得するのであるが、さすがの彼にも、一つだけ苦手があった。

台風シーズンとなった九月初め、巨人軍は甲子園球場から広島に転戦したが、広島で雨に降りこめられた。

朝、宿舎の世羅別館で遅い食事をすませた、左投げ左打ちの外野手・萩原康弘は、長嶋に呼び止められた。萩原は日体大荏原高―中央大学、四四年に巨人に入団している。川上がドラフト制度下での選手獲得の実情から、スカウトに、

「少々難点があってもいい。〇―三からでも積極的に打って出る、思い切りのいい選手を取ってほしい」と要望し、スカウト沢田が目をつけて獲得した選手である。四八年入団の、萩原と高校同級生の原田俊治（治明、巨人軍編成部）もそうだ。

長嶋に呼び止められたとき、萩原はからだに電流が走ったような気がした。

この年の夏の初めのことである。

朝、横浜・子安の自宅に、コーチ福田昌久から電話がかかって来た。

「すまんが、一一時に多摩川グラウンドに行ってくれないか。長嶋が調子がつかめないと、言っているんだ。けど、今日は試合前の練習のために、左のバッティングピッチャーを、これか

ら投げさせられないんだ。悪いけど多摩川で投げてくれないか」

萩原は福田に言われ、三〇分前には多摩川グラウンドに着かねば……と、急いで家を出た。東横線を多摩川園で降り、土堤の道を急いだ。グラウンドが近くなったときに、あっと声をあげた。長嶋がもうユニホームに着替え、たった一人でネットを張り、ボールをそろえ、打ち込みの準備をしていたのである。

「すみません。遅くなりました」

土堤を駆け下りて言うと、

「坊主（萩原の愛称）！　ありがとう。遅くないよ。まだ早いよ」

こういう思い出があるのである……。

「坊主、さあー出かけよう」

長嶋に呼び止められ、こう言われたが、今日は打ち込みではなさそうである。

「どこへ行くんですか」

「いいから、いいから。さあー乗って乗って」

長嶋が呼んだらしく、宿の前にはタクシーが止まっていた。

「運転手さん、お願いします」

タクシーは「三越」の前で止まった。

「オレ、ここで待ってるからな。一丁、行って来てくれ」

「どこへですか」

「この雨だろ。もう持って来たパンツがなくなっちゃったんだ。買って来てくれ」

萩原は噴き出しそうになったが、わざと拗《す》ねた。ガンバラナクチャ。選手は先輩に敬愛の念を表すときに、拗ねて見せることがある。

そういうチームは強い。先輩と後輩の間に垣根がないからだ。

「自分で行って来たらどうですか。どんなのがいいか、分かりませんよ」

長嶋は、萩原の「反撃」にあわてた。

「オレはまずいんだ。何しろ広島のデパートの店員さんには、美人が多いんだ。美人が！」

萩原は車を降り、疾走した。長嶋は、萩原にお礼にズボンを買ってプレゼントしたが、巨人軍史に求道と、このような人間の物語をちりばめていく。

萩原は今はJR、東京・目白駅近くで、オシャレで品のいい、コーヒーショップ「HAGI」を開いているが、気っ風がいいのは昔と変わっていない。

□　□

この四六年の巨人は、開幕からすぐに一二連勝。二位ヤクルトに一一・五ゲームの差をつけて前半を折り返し、七〇勝をあげて優勝したのだが、後半戦には前半戦のような勢いはなかった。微妙な沈下と思えた。

一〇月一二日、阪急との間で、日本選手権が始まった。西宮球場で一勝一敗。一〇月一五日、後楽園球場に移った第三戦は苦戦が予想された。事実、この年、二二勝の阪急山田久志（中日コーチ）のピッチングは素晴らしかった。地面スレスレに速球が来る。低めからシンカーが落ちる。それに浮き上がる球がある。カネやん、金田正一が言った。「ボケて浮き上がってくるわ」、巨人は手も足も出なかった。七回を終わってわずかにヒット一本、球勢に押されてフライを打ち上げている。八回を終わると、飛球一五を数えた。阪急一対〇。が、九回二死、走者一、二塁で、王が打った。バットが閃いたとき、スタンドのだれもがホームランと分かる一打だった。逆転スリーラン。この一撃で日本シリーズの流れが変わり、巨人は四勝一敗で阪急を破った。

□　□

監督川上が「今のチームは八連覇までいきます」と言って、関係者を驚かせたのは、昭和四五年の納会でのことであったが、この昭和四七年、巨人は八連覇を達成する。

長嶋は開幕第一戦にホームラン。五月二一日には、後楽園球場での広島四回戦で、一試合三ホーマーをたたきつけたが、炎暑の八月に入ると二日を最後に、打率三割を割り、五日には〇・二九〇、一二日に〇・二八二。川上の八連覇宣言は、そのあとは難しいという意味であったが、長嶋の年齢を数えていたのだろうか。八月三〇日には、〇・二七〇。プロ野球の数字はときに冷酷である。年度最終打率は〇・二六六であった。それでも九二打点をたたき出していたのであるから、何度も言うがすさまじい男である。

巨人は独走できず、前半を二位で折り返したが、王のバットが後半戦のチームを引っぱっていった。この年の八月二六日から、ミュンヘンで第二〇回の夏季オリンピック大会が開かれたが、松平康隆の男子バレーボールの選手たちや、加藤喜代美らのレスリングの代表選手たちは、日本の報道陣に会うと、

「王さんはホームランを打ちましたか」

と聞いていた。王は明日は閉会式という九月一一日、後楽園球場での広島一九回戦で、宮本洋二郎から三四号を奪ってから、連続七試合ホームランを放つのであった。

巨人が七四勝をあげて、この年を乗り切ったもう一つの要因は、ボールに手を出さない攻撃陣になっていたことである。これまで磨かれてきた訓練の結果が残っていた。四死球数五一五。このうち王が一一四ではあったが、阪神四〇〇、中日三九八、大洋三七〇……である。

本塁打王、打点王、王。ＭＶＰは二六勝九敗の堀内恒夫である。

一〇月二一日、阪急と対戦の日本シリーズが始まった。最終第五戦では、三回、王、長嶋、黒江、森が一イニング四ホームランをたたきつけ、四勝一敗で巨人は制勝した。日本シリーズも八連覇をやってのけた。日本シリーズのＭＶＰは、力投した堀内であった。

このシリーズのさなかに、東映と西鉄の「身売り」が伝えられた。東映は日拓に、西鉄は福岡野球株式会社（太平洋ライオンズ）に引き取られることになるのだが、時代の変革と新しい苦難とが、プロ野球にやってくるのである。そうであっただけに、日本シリーズ第二戦の夜、

広島カープの総勢四三人が、ピッツバーグ・パイレーツの教育基地、アメリカ・フロリダ州ブラデントンに到着していたのは注目された。

広島は、春、インディアンスのキャンプ地、アリゾナ州ツーソンに遠征していたが、教育に球団の活路を求めたのである。年、練習費は一億円、オーナー松田耕平の英断だった。推進したのは代表・西野襄。受けついだのは次の代表、重松良典（ベルマーレ平塚元社長）である。

……こうして昭和四八年がやってくるのである。長嶋の現役引退がささやかれ始めていた。

打撃を極めたい

問題の昭和四八年、宮崎キャンプの一軍宿舎、江南荘の部屋割りのかぎりでも、巨人軍はゆるぎない兵団と見えた。長嶋、王でも、特別扱いの個室ではないのである。

〈スタッフ〉

五〇一号室・監督、川上哲治　五〇七号室・ヘッドコーチ、白石勝巳

三二〇号室・寮長、武宮敏明　三一五号室・広報部長、小野陽章

三一〇号室・マネジャー、山崎弘美　二一四号室・グラウンドキーパー、務台三郎

二一五号室・コーチ、山内一弘、鈴木章介　二一六号室・コーチ、藤田元司、福田昌久

二一七号室・コーチ、牧野茂、国松彰

〈選手〉

二〇二号室・長嶋茂雄、倉田誠　二〇三号室・王貞治、新浦寿夫
二〇五号室・森祇晶、高橋善正　二〇一号室・土井正三、上田武司、小川邦和
二〇六号室・吉田孝司、広野功、秋本祐作
二〇八号室・黒江透修、山本和雄、関本四十四
二一〇号室・柴田勲、柳田俊郎、菅原勝矢
二一一号室・末次民夫、原田俊治（治明）、堀内恒夫
二一二号室・高田繁、富田勝、高橋一三　二〇七号室・滝安治、阿野鉱二、槌田誠、萩原康弘

□　　□

四月一四日、巨人は後楽園球場でのヤクルト戦で、ペナントレースに突入したが、五月初め、ロッカールームに張り紙が出た。

——優勝してハワイへ行こう——

ふだん怒ったことがない温厚な長嶋が怒った。森が怒り出した。王も怒った。

「なんということだ！　チームが勝率五割も出せないで、アップアップしているのに軽率だ。優勝はそんなに甘くない！」

たしかに、四月二九日で六勝七敗。五月六日、第四節を終えて七勝一一敗。中日、大洋、阪神、広島、巨人、ヤクルトの順で、巨人は五位である。

それに、投手団が、入団五年目の阪神の田淵幸一に、四月二四日の巨人阪神三回戦から、五

月一〇日の五回戦まで、間に一死球をはさんで、七打席連続ホームランを浴びせられている。張り紙は球団による檄《げき》ではなかった。広報部長・小野陽章も知らないことであった。コーチの一人が計画したことだった。

主力選手の怒りを知った当のコーチは、

「けどなあー、どうやら監督が、今年限りで引退する肚《はら》を固めているらしいんだ。ハワイへ行くのは、監督の送別会にもなるし、送別コンペもできるかもしれないんだ……」

そう言われて、長嶋も王も森も、これ以上怒るのをやめ、一兵士に戻った。

第五節に入ると、神宮球場でのヤクルト戦に三連勝をする。長嶋は五月一二日の三回戦では、猛烈なスライディングで、二塁盗塁をやってのけた。

五月一五日、広島と帯同で東北シリーズが始まった。巨人は郡山・開成山球場で、三対五で敗れた。一六日、試合は仙台宮城野球場である。王が第五号を放ち、三対〇で勝ったが、田淵はすでに一四号を放っている。その差は九本塁打である。

ナインはハネ発ちで盛岡に向かったが、駅で何組かのベテラン選手たちが、川上監督は今年限りだろうか、次は長嶋だろうかと、小声で話し合っていた。内容がどうであれ、ひそひそ話はチームにとって危険である。

五月一七日、盛岡・岩手県営球場で、対広島六回戦が始まった。球場の丘の下には、林檎《りんご》の花が白く咲いていた。

試合は巨人の二対〇で進んでいったが、六回表、広島の山本浩二のバットから、ツーランホームランが飛び出した。山本浩二は、アメリカ遠征からたくましく成長している……。

二対二の同点である。

試合は緊張するかと見えたが、七回表、信じられないことが起こった。長嶋がなんでもないゴロを、二本もはじいたのである。内野陣も動揺した。驚きに対応できないうちに、送球が荒れ、混乱が続いた。巨人はあっという間に五点を失った。長嶋は九回になって、レフトに六号ホームランを放ったが、六対七で敗れた。

帰京した巨人は、五月一九日、ヤクルト五回戦を、本拠地・後楽園球場で迎える。長嶋はいつもより早くやって来た。ユニホームに着替えると、チーム練習開始の時間前にベンチに入った。現役引退がささやかれ始める頃、その選手は、ユニホームに悲しみがにじみ出るのがほとんどだ。ユニホームだけが妙に大きく見えるものだが、長嶋にはそれがなかった。グラウンドに飛び出して行くと、颯《さっ》と風が起こるようであった。

長嶋は一塁スタンド前の、いちばんライト寄りまで走ると、止まり、「うむ」と息を止め、フェンスにボールをぶつけ、ゴロになってはねかえってくるボールを捕った。グラブを出してつかむと、息を止め、ボールをぶつける。「八時半の男」宮田征典が「長嶋さんがゴロを取るときは、まるで土を掘るシャベルのようだ」と言ったことがあるが、長嶋はそのシャベルを繰り返した。フットワークは躍動していた。

長嶋のこの練習は、翌日も続けられた。それから彼は、私が見たかぎりだが、一日に五分、長くても一〇分、この年の全日程が終わるまで、後楽園球場で続けられた。やらない日は一日もなかった。

□　□

夏の陣になっても、巨人は浮上できなかった。七月一日、甲子園球場で阪神の上田次朗にひねられた。七月六日、今度は中日球場で、中日の渋谷にシャットアウトをくった。翌七月七日には、星野仙一に敗れた。星野には昭和四六年から九連敗。一五日に一〇連敗。

星野が初めて巨人戦に登板したのは、入団一年目の昭和四四年五月七日、中日球場でのことであるが、バッターボックスに颯爽と入って来た長嶋が、バットをかまえながら叫んだ。

「ハーイ、仙ちゃん。さあーいらっしゃい！」

星野はそれから、長嶋と対戦するのが楽しく、巨人戦に燃えて投げた。

長嶋も、向かって投げてくる星野がお気に入りで、第一次監督後、いわゆる「文化人時代」の昭和六二年、沖縄宜野湾・大洋のキャンプに、ひそかに新浦寿夫を激励に来たときに、恩納村に足を伸ばし、中日の宿舎・ホテルムーンビーチに、星野を訪ねている。星野はすきやきで長嶋をもてなした。

長嶋は、「仙ちゃん、キャンプはどうだい？」などと、中日のことは聞かなかった。新浦は、長嶋が第一次監督に就任したときの左腕投手であるが、将来のために、これでもかこれでもかと投げさせた。四球続出。巨人軍の球団事務所には、もう使うなと、長嶋にあてて投書の山であった。

「仙ちゃんなあー、新浦は、韓国のプロ野球へ行って苦労して来たんだ。人間的に大きくなったぞ」

新浦を自慢し、すきやきを食べ終えると、

「……というわけで、新浦に気をつけろよ。ああ、おいしかった。ごちそうさま」

風のように帰って行った。星野が喜んだ。

「変わってないや」

□　□

ドン底に落ちた巨人を、後半引っぱって行ったのは、この年も王のバットだった。王は七月八日、二〇号を放って、田淵をとらえると、八月八日、二八号、二九号を飛ばして、ついに田淵を追い抜いた。

王は、この年、本塁打五一、打点一一四、打率〇・三五五で、三冠王に輝くのである。

「タイトルよりも、毎日毎日はずむような思いで、後楽園球場に通えたのが幸福でした。できたらセンターの後ろにベッドを運んで、夜はここで眠り、朝日をさましたらプレーボール。一日中、野球をやっていたかったですよ」

全日程が終わったときの、王の述懐である。

八月三一日。巨人は阪神一九回戦に勝って、やっと阪神を抜いて首位に出たが、〇・五ゲーム の差でしかない。

一進一退の九月を終え、一〇月八日、二六節を終えた。巨人、阪神、中日……の順である。阪神とは一ゲーム差となったが、残る日程は、二節、五試合である。一試合でも落とせば、たちまち転落する。

この時点で、長嶋は、打率〇・二六六、本塁打二〇、打点七四である。

一〇月九日、試合がない。川上が長嶋を呼んだ。

「もう(来年は)三割は打てん。監督をやれ」

川上という男は言葉を飾れない。三割が打てなくなったらさびしい。きみのためにもファンのためにも……これ以上、打撃に苦しむ姿を見るに忍びない。もうバットを置いてもよかろう……などとは言えない男である。この場合、川上を技師長として理解してよいであろう。技術は冷徹である。

読売新聞運動部記者、渋沢良一(セ・リーグ事務局長)が同席していた。川上にそう言われなくても、長嶋自身が、いちばんよく分かっていることである。

渋沢は言う。

「……そのとき、長嶋は正座をしました。そして川上に言ったのです。『お願いします。もう打てないのはよく分かっています。もう一年バットを持たせてください。バッティングを極めたいのです。オカネもいりません。名誉もいりません』」

この会談を、渋沢にこう教えられたとき、私はこのときから九年前、昭和三九年の宮崎キャンプの彼の部屋に、長嶋が自分で筆を執った西郷南洲の教えが、ひそかに飾られていたのを思い出していた。

「長嶋が一礼すると、川上が正座をし直しました。長嶋にまいったのです」

翌一〇月一〇日。巨人は阪神二四回戦を、田淵の逆転満塁ホームランに敗れた。首位を奪回される。巨人にはもうあとがない。土俵際である。

一〇月一一日。巨人阪神二五回戦は、いきなり堀内が打ち込まれ、ノックアウトされた。一回に四点、二回に三点を失い、巨人ははや〇対七とリードされた。

黄金チームが、今まさに燃えつきようとするとき、試合は荒れる。二回表のアクシデントは、スタンドのファンも何が起こったのか、気がつかないうちに起こっていた。二死から、阪神の後藤和昭がサードゴロを放った。長嶋が捕ろうとしたとき、すぐそばで不規則にはね飛んだ。打球がひょいと、長嶋の右手薬指に当たった。長嶋がベンチに戻って来ても、多くのファンは事態に気づいていなかったほどである。骨折であった。一瞬の反射に影のようにおとろえが、忍び寄っていたのかもしれなかった。

ナインはここから決起した。長嶋に代わって三塁に入った富田勝が、四回、江夏豊からスリーランホームランを放ったのである。巨人は江夏をノックアウトした。後年、新宿のバーでこの話になったとき、富田はすでに球界から離れていたが、喜びに泣いた。巨人はそのあと一点を加えた。四対七。

六回裏、黒江がホームラン。代打「パンツ」の萩原スリーラン。高田ホームラン……。一気に五点をあげて、試合を引っくり返した。九対七。壮絶な打撃戦になった。

阪神も黙っていない。七回表、巨人五人目の投手、高橋善正に激しく襲いかかる。藤田平ホームラン。代打、和田徹タイムリーの左前安打で二点をあげ、九対九の同点となった。後楽園球場に夕暮れが近づく。八回表、阪神が一点をもぎ取った。九対一〇。勝負あったと見えたその裏、柳田俊郎がホームランを放った。一〇対一〇。またも同点である。

柳田といったが「殺し屋のリュー」の柳田利夫ではない。「マムシ」の柳田である。

柳田は昭和四四年、西鉄から移籍してきた選手である。二軍で練習中に腰を痛め、立てなくなると、寮長武宮が合宿に運び、自分の部屋に寝かせ、付ききりで看病して、一軍に送り出した選手である。

巨人の底力は、二軍教育からわき起こったとも言える。九回表、巨人ベンチには、マウンドに立てるピッチャーは、もう、新人、由良育英高―京都大丸の小林繁（近鉄コーチ）しかいなかった。スカウト伊藤菊雄が社会人の大会で、敗戦処理に出て来たときに目をつけて、取ったピッチャーである。

小林はこの年の夏、巨人二軍の東北遠征で、連投また連投。盛岡に着き、試合が始まると、疲労から球がまったく走らなかった。ピッチングフォームもバラバラになっていた。二軍、内野コーチ、須藤豊が白石に言った。

「疲れ切っています。フォームがますます悪くなります。引っ込めましょうか。これ以上投げさせるのは無理です」

白石は一軍ヘッドコーチであったが、このとき二軍も統括していた。

「分かっとる。だが、このままほおらせろ。小林のフォームなど、決していじるな」

かつての逆シングルのショート白石は、自分の力ではい上がるのだ……と、小林に教えたかったのである。

小林は、九回表のマウンドを死守した。巨人は開幕から一二七試合目の死闘を、引き分けに持ち込んだのであるが、まだ、この年最大の危機を乗り切ったわけではなかった。まだ二位にいる。

一〇月二〇日。巨人はペナントレース最終の阪神二六回戦のため、新幹線で大阪に向かった。長嶋は乗車していない。骨折はまだ完治していない。

ナインは、車中、ラジオで中日球場からの中日阪神の中継放送を聴いていた。阪神が勝てば、阪神の優勝が決まる。巨人の遠征は、消化試合のための西下になる。中日球場で放送中であった、名古屋のテレビ局のカメラが、レフトの後ろを走り抜ける、巨人ナイン乗車の新幹線ひかり号をとらえていた。

阪神が星野仙一に敗れた。江夏で敗れたのである。この結果、年度優勝は、阪神対巨人最終戦で決まることになった。

決戦の一〇月二一日、日曜日は朝から関西地方は雨であった。東京も豪雨であった。試合は翌日に順延になった。

一〇月二二日。雨はあがった。

阪神は、一日、雨で試合が延びたといっても江夏を使えない。上田次朗が先発であった。巨人は高橋一三であった。試合は、黒江、土井のホームランで進み、巨人の一方的な内容になった。それでも、巨人ナインは、阪神の打者のファウルが、一塁内野スタンドに飛び込んでも、一塁手王が打球めがけて走り、捕手森がマスクをはねあげ、二塁手土井も定位置から突っ込み、レフト高田もスタートを起こしていた。甲子園球場の上空には、秋の青空が広がっていた。

高橋一三が阪神を完封した。九対〇。試合が終わったとき、入団九年目にもなる第二捕手、吉田孝司が、ベンチを掃除していた。巨人はリーグ優勝を決めた。

首位打者、本塁打王、打点王、王が三冠王に輝き、MVPを受賞した。日本シリーズは南海との対戦となった。長嶋は日本シリーズにも出場できなかったが、巨人は四勝一敗で南海を一蹴し、九連覇を果たした。前人未到の大記録である。日本シリーズのMVPは堀内である。

□　　　　□

一二月六日。東京・赤坂、山王飯店で三冠王獲得のお礼の会が開かれた。発起人が呼びかけた会費制の会ではない。王家の招宴である。招宴者は八六〇人であった。

「さ、どうぞ」

王の父、仕福さんが、来賓に一生懸命、料理をすすめていた。上海蟹がおいしい季節である。家族でやってくる人たちが多かった。少年たちは王にサインをねだった。王はバットをプレゼントしていた。

王がお礼の挨拶に立った。

「丈夫に産み、育ててくれた両親と、よい野球環境を作ってくれた家内に感謝します。わたしは、今、巨人軍入団の同期生のことを思っています。優れた選手たちばかりでしたが、あるいはけがに倒れ、あるいは不運にチームを去りました。それを思うとわたしは幸運でした……」

王は目に涙を浮かべていた。

広報部長、小野陽章が涙ぐんでいた。

王が謙虚であるからであるが、小野には、巨人軍への深い思いがあった。巨人軍には、ますます謙虚な姿が望まれると、思って来たからである。

そういえば、彼は広報部長に着任してから、球団発表にしても、選手の談話文にしても、お客さんをいうのに「ファン」「ファンの皆さん」と書いたり、語ったりしたことはなかった。

例外なく「ファンの皆様」と、述べて来た。小さいことのようだが、間違えると華美になり過ぎ、お客さんのことを忘れることになる、プロ野球への、特に巨人軍への戒めであった。のちに川崎球場の社長・会長になったが、試合当日、正面玄関入り口に立ち「ありがとうございます」と、お客さんを送迎していた。

それだけではない。巨人軍は九連覇をやってのけたといっても、この年のペナントレースの勝星は六六勝である。七〇勝を割っている。来年は大変なことになる。オイルショックと、狂乱物価で、昭和四八年が暮れた。

武人の最期

昭和四九年の巨人は、四月六日、ヤクルト戦で開幕を迎えた。選手たちは、無論一〇連覇をするつもりでいる。

「四番」長嶋が第一戦でホームランを打った。五年連続の開幕戦本塁打である。が、その日のショートゴロが併殺打になった。

翌四月七日、ヤクルトとのダブルヘッダーの第一試合でサードゴロが、第二試合の第三戦でもサードゴロが、併殺打になった。この三連戦の長嶋の光と影である。

長嶋は五月一日の後楽園球場での大洋二回戦に、山下律夫から満塁ホームランをたたき出したが、この日もセカンドゴロが併殺打になった。

長嶋はヤクルトとの開幕三連戦が終わると、四月一〇日の川崎球場での大洋戦から、「三番」になった。長嶋の「四番」はこの年一二試合でしかなくなる。

川上はひどすぎるという声があがったが、「功」と「能」とをはっきり分けなければ、チームは勝てない。といって「功」を全く無視してしまうと、チームは暗く沈む。名選手、大選手の現役晩年をあずかる監督は、まことに難しい。

前の年に、二三勝をあげた左腕高橋一三が不調である。あっという間に九連敗。倉田誠が腰を痛めて離脱した。投手団の不調が、打席で苦しむ長嶋の姿を、色濃く描き出す。長嶋の引退は決定的であろうと、ネット裏のだれにも、そう思えた。

それでも、巨人が五月、三位にいたのは、このチームが持っていた底力からであった。勝利の九年間、チームのなかの野球の会話で、いちばん頻度が多かった言葉は「結集力」である。

長嶋がクリーンアップから初めて離れて、「一番」に起用されたのは、そろそろ、夏の陣を迎えようとしていた六月一九日の、中日球場での中日一〇回戦のことである。長嶋は七月一五日、千葉県成東高校から入団二年目の、鈴木孝政からホームランを打った。

鈴木は入団第一年に肩を痛め、来る日も来る日もパンツ一枚になって、二軍が借りた練習場で走っていた。実家は九十九里の蓮沼村である。プロ野球をよく知らない彼の父親武男さんは、息子は今は名古屋に行っているが、きっとがんばって転勤で千葉に帰ってくると、畑を六六〇平方メートルつぶし、総二階の大きな家を建て、その日を待っていた。

八月六日、鈴木孝政は中日球場で、再び「一番」長嶋と対戦した。試合が終わった翌日、中日の合宿の裏の、焼きうどんとコーヒーの店、「ブラウン」で私に告げた。

「びっくりしましたぁー。長嶋さんと対戦したら、〈いま、千葉県の高校野球の決勝をやっているのかな〉と錯覚しました。長嶋さんがバットを短く握り、バッターボックスのいちばん前に立っているのです。チームのためになんとか塁に出ようと……この姿こそ、本当の大選手なんだと思いました」

成東高校は佐倉一高の分校である。昭和五二年一一月二七日、鈴木孝政の結婚の日に、東京・目白の椿山荘の披露宴に、長嶋から祝電が届いた。

「真っ白いボールのように、美しく、まるい家庭を作ってください」

彼は、今は、名古屋の東海テレビの解説者であるが、ファンにサインを求められると、色紙に、このときの長嶋を思い出しているように、

「終わりを慎しめば破れることなし」と書いている。

八月九日、巨人は二位に上がった。投手倉田が一軍に戻って来た。関本四十四と小川邦和ががんばる。そして、王が再び三冠王めざして打ち出し、チームを引っ張り始めた。

□　　　□

八月一八日、巨人は首位に出た。巨人、中日、阪神による激戦はこれからである。

この頃、春からしだいしだいにそうなっていったが、広報部長、小野の顔は、すっかり慈顔になっていた。覚悟を決めた男の顔だ。

昭和四九年が明けてから、小野のところには報道陣が、連日来ている。長嶋が、今年かぎりであるかどうかを確かめようというのである。

小野は、――監督川上は間違いなく、今年かぎりで退く。長嶋が現役のユニホームを脱ぐのも決定的である――と判断しているが、職務上もちろん言えることではない。言えば大混乱が起こる。ペナントレースどころではない騒ぎになる。チームの状態によっては、敗走につながることもあり得る。

が、小野は、取材に来る記者や放送局員が、真摯であれば、系列を超え他系列の男でも、少しずつヒントをさりげなく出していた。一言であっても記者は納得する。このことが、秋の大混乱を防ぐことになるのである。

□　　　　□

私は、小野が読売新聞運動部記者であったときから、小野に多くを学んでいた。たとえば、彼は海外渡航がまだ不自由であった時代に、アメリカに勉強に行っている。華やかな大リーグ球団を歴訪したのではない。今のヒューストン・アストロズが、まだＡＡＡの「ヒューストンコルツ」であったときの、この町に赴き、マイナーリーグの実際と、市民の大リーグへの昇格運動と、現地新聞社の営みを、つぶさに体験研究して来たのである。

ヒューストンは、のちにサンベルトの中心地として注目されるが、当時は旧南部がまだ残っていて、苦労も多かったはずである。

それも、羽田から飛び立って行ったのではなかった。旅費は乏しく、上野駅発アメリカ行き——であったのである。青森から連絡船で函館へ。函館から小樽に出て、貨物船で北太平洋を越えていったのである。東京五輪直前には、世界が注視する全米陸上、全カナダ水上を取材している。

「小野さんはこうさ」

小野と運動部で泊まり、勤務がいっしょであった神崎孟（ホツマ社長）に、私は教えられていた。

□　□

記者団との応対に忙しかった小野であったが、彼には、巨人軍の前途が案じられてならなかった。あっという間に、秋がやってくるはずである。そのとき、川上が勇退するとして、第一に処遇をどうするのか。スタッフをどうするのか。第二に後任監督は長嶋なのか。長嶋監督が誕生するとして、新スタッフをどうするのか。ドラフト、トレード、補強はどうするのか。

たしかに、ふつうの年でもチーム編成、チーム戦力の検討は、毎日でもされるべきであるが、非常の場合が、もう目の前である。

その上、日米野球のために、ニューヨーク・メッツが来日する。

また、昭和五〇年春のベロビーチキャンプも決まりかけている。決まったとして、遠征の準備をどうするのか。

すべてが遅れている。巨人軍、最大の「相続」は難しかった。退くつもりでいる小野には、残された最後の大きな仕事が、一つだけあった。彼はそのときをじっと待っていた。九月になると、中日が追い上げた。星野が激しく投げる。

一般に、組織がこれから動き出そうとするときに、超ハッスル男や、フライング男が現れることがある。系列の日本テレビに現れた。

長嶋が現役を引退するのなら、ファンへの引退の挨拶を一一月二二日に、後楽園球場でさせるべきだと、言いだし、走りだした。

この年の一一月一八日に、アメリカ大統領・ジェラルド・フォードの来日が決まっていたのに、目をつけたのである。男はフォードを後楽園球場に迎え、長嶋に引退表明。説明役は日本テレビ社長小林與三次と考えたのである。そこで、近く渡米する外務大臣、木村俊夫に、フォードへの打診を頼み込んだ。フォード側から、一一月二二日なら考慮してもよいという返事が来た……と、男は言いだしたのである。

この頃からテレビには、プロデュース、演出……という名の「人工着色」が増え始めていた。

九月五日、巨人は中日に抜かれ、二位に落ちた。王の打棒はすさまじかったが、投手団が持ちこたえられなかった。九月初めといっても、この状況はもはや巨人にとって終盤である。

小野は、最後の仕事をやりとげるために、ついに、読売新聞社社長、のちの代表取締役・名誉会長、務台光雄を本社に訪ねた。上司を何人も飛び越えて行くのであるから、言ってみれば

「直訴」である。昔ふうに言えば直訴は打ち首である。覚悟はできている。

小野は胸に秘めて来た思いを、務台にぶつけた。

「川上監督、長嶋選手の引退の決意は決定的です。つきましては、長嶋選手のファンの皆様への引退表明の挨拶は、諸意見がありますが、巨人軍が勝てなかったときは、ペナントレースで敗れたその日、巨人軍が勝ったときは日本シリーズの勝敗いかんにかかわらず、その最終戦終了後と、ご決定願います。これが武人の最期にふさわしいと思います」

——武人の最期——この一言が、明治の気骨の人、務台の心を揺さぶった。実は、務台は、一一月二三日のファン感謝デーがよいと、考えていたフシがある。

小野は最後の太刀をふるうように言った。

「決定は急がねばなりません。来年のための、将来のための、すべてが遅れています」

務台は、小野の話にじっと耳を傾け、いつしかソファにあぐらをかき、腕を組んでいた。

「うーむ」

小野は、

「このままいけば、巨人軍は来年は最下位です」

務台が腕をほどいたとき、フォード案など跡かたもなく消えた。

一〇月二日、ペナントレースは二七節に入った。首位中日、二位巨人、ゲーム差は二・五。王がすさまじい敬遠にあっている。たとえば一〇月四日、阪神二四戦では、五打席五四球。二

○球が全部ボールである。敬遠数は四五にもなろうとしていたが、一〇月八日、三冠王が確定する。打率は酷暑の八月から三割五分台を堅持してきたが、とうとう本塁打、打点で、阪神の田淵を抜いたのである。平成一〇年九月二〇日、江藤省三がＮＨＫの大リーグ中継で、「王さんの生涯四死球数は二五〇四、一般的に、選手の年打席数は標準五〇〇。このことから言うと、王さんはまるまる五年間、バットを振らせてもらえなかったのに、連続三冠王、生涯本塁打八六八……など、数々の大記録を樹立したのです」

と解説していたが、まさに気力の打棒であった。

一〇月一二日、午前一〇時。小野は川上と長嶋を案内し、読売新聞本社に、正力亨オーナー、務台光雄社長を正式に訪問し、挨拶ののち、巨人軍の今後のすべてについて承認を得た。外国人選手の獲得についても、許可を得たのである。

その晩、巨人は神宮球場でヤクルトを破り、六九勝目をあげたが、中日が中日球場で大洋を連破し、昭和二九年以来の優勝を決めた。

巨人は九連覇で終わった。

小野は直ちに川上と長嶋の記者会見を、神宮球場、二階貴賓室にセットした。翌一〇月一三日は、後楽園球場で対中日、二五、二六回戦のダブルヘッダーである。長嶋のファンへの挨拶はこの日に確定した。

一〇月一四日

一〇月一三日、東京は雨であった。中日連戦は順延になった。

その晩、日本テレビ運動部を統括しているプロデューサー、林平八郎と私は、後楽園球場の支配人、吉井滋に挨拶をし、近くの席を借り、一日延びた長嶋の現役最後の試合の中継の準備を続けていた。林はやっとここまで来た……と、改めてそんな顔をしていた。日本テレビの番組編成の最終責任者である編成局長が、直前まで、この試合の放送を許可しなかったのである。テレビ局は九月末で夏の番組編成を終え、一〇月一日から秋から冬への編成になるのであるが、そこへ、野球中継が飛び込まれたのでは、新編成に差しつかえる。消化試合ではないか、というのであった。どうかしていた。

雨は夜になっても、降りやまなかったが、窓の外からファンの足音が聞こえた。明日は晴れる……と、人々は当日券売り場に並ぶために走っていたのだった。足音はひと晩中、途絶えることはなかった。それはまぎれもなく長嶋賛歌であった。革靴の音はほとんどなかった。草履と昔の運動靴の音が多かった。水たまりに入ったのだろう。ぴしゃっという音も聞こえた。

一〇月一四日、東京は晴れた。朝からすばらしい秋の青空が広がっていた。中日のヘッドコーチ、近藤貞雄が与那嶺の代理として、一塁側の巨人のロッカールームの奥の監督室に、川上を訪ねた。中日が優勝を決めると、ナゴヤ祭とぶつかった。地元の関係者たちが、ぜひ市中パレードをやってもらいたいと、球団に要請した。

やむなく、チームを二つに分け、一隊がパレード、一隊が上京したのである。近藤は上京組の臨時監督である。

「カワさん。偉大な選手の最後の試合になるというのに、ベストメンバーではなく、申し訳ありません」

もちろん、川上も、ドラゴンズの事情は承知している。

「それは、それは……わざわざ、ごていねいにありがとうございます。なあーに、ご心配には及びません。敗れたチームから去る者が出る。これは勝負の掟です。

今日は第一試合に堀内をほおらせますから、日本選手権でぶつかる、ロッテの村田兆治くんだと思って、思い切り打ってください」

□　□

正午、第一試合が始まる。

長嶋は「三番」で先発した。四回、レフトスタンドにホームランを打ち込んだ。通算四四四号である。スタンドは日の光でオレンジ色に染まっていた。七回、王が、二塁に柴田を、一塁に長嶋を置いて、ライトスタンドのファンにホームランを運んだ。

第二試合、現役最後の試合の長嶋は「四番」であった。二時四一分、日本テレビの中継放送が始まる。実況は、アナウンサー、赤木孝男。見事にしゃべり出す。

少し遅れて、ラジオのニッポン放送が実況中継に入った。担当アナウンサー、深沢弘が、「長嶋さんが、引退するなんてウソです」と第一声で言った。

□　　□

長嶋は第一試合が終わると、ダッグアウトを飛び出し、たった一人で場内を一周し、スタンドを埋めたファンに手を振り、別れを告げていた。

八回裏、長嶋に最後の打席が来る。

中日の投手は佐藤政夫である。

長嶋はショートゴロだった。彼はこのときばかりは一塁に向かう疾走をゆるめた。ゆっくり走りながら、少年のような微笑を咲かせていた。

九回表、中日の最後のバッター大島康徳（日本ハム監督）がライトにフライを打ち上げ、試合が終わると、王がマウンドに向かって走った。三塁から走ってくる長嶋を迎え、二人はマウンドで肩を組み、ダッグアウトに還った。長嶋が「巨人軍は永久に不滅です」と、ファンに向かって挨拶したのはこのあとである。

長嶋茂雄、現役生涯記録。

出場試合二一八六　打数八〇九四　安打二四七一　本塁打四四四　打率〇・三〇五　打点一五二二　MVP五回　首位打者六回　本塁打王二回　打点王五回　新人王　日本シリーズMVP四回。

第4章 ジャイアンツの監督時代（他）

昭和五〇年—平成一二年

北海道で、砂押邦信氏（左）、小野秀夫氏（右）と
（224ページ参照。写真提供／小野秀夫氏）

外人捕手を捜しに

長嶋が現役引退を表明してから一〇日後の一〇月二四日、ニューヨーク・メッツの一行が華やかに羽田に着いた。

日米野球の指揮は川上が執った。

長嶋は三塁コーチボックスに立っていた。ファンへの長年のお礼でもある。札幌、仙台、郡山、名古屋、大阪、甲子園、広島、福岡、北九州……行く先々で、再び称賛と期待の拍手がわき起こった。

日米野球全一八試合は、プロ野球の公式行事ではあったが、監督就任第一年への準備のための、大事な時間が過ぎていく。小野陽章が案じていたとおりである。この秋、捕手森が三七歳で、遊撃手黒江透修が三六歳で現役を退いている。

一〇月二〇日、日米野球ゆかりの静岡・草薙球場で最終戦が終わると、川上の退任が正式に発表された。五四歳。翌二一日、長嶋の監督就任がようやく正式に発表された。あっという間に一二月になると、長嶋は、アメリカに向けて羽田を飛び立って行った。三八歳。

ロサンゼルスで長嶋を迎えたのは、ドジャースのアイク生原である。

「アイクさん、キャッチャーを取りたいんだ」

生原は驚かされた。東京からは、長嶋が三塁手を取るために、近々渡米する――というニュースがしきりに伝えられていたからであるが、長嶋の狙いは三塁手でも大砲でもなかった。

「キャッチャーですか。いいですね。いいキャッチャーを取れば、きっと日本の野球が変わりますねえー」

そういう生原は、田川高—早大のキャッチャーである。

が、長嶋が候補選手のリストを持っていないのを知ると、彼は呆然とした。

「東京の事務所で、長嶋さんにリストを持たせなかったのか」

北米大陸は広い。アメリカ野球傘下の選手は、マイナーリーグまで入れると、五〇〇〇人を超える。目標選手を、少なくても二〇人程度にしぼり込んで来なければ、手伝いようもない。

生原はすべてをドジャースのオーナー、ピーター・オマーリーに報告した。クリスマスカードを京都に特注するほどの親日家のピーター・オマーリーは、生原にニューオーリンズで開かれる、ウインターミーティングへの案内同行を命じた。

ウインターミーティングは、年に一回開かれる、アメリカ野球関係者の一大会同である。会同はコミッショナーの年頭教書の発表とも言えるスピーチで始まる。例年、コミッショナーは、その年の黒字球団数と赤字球団数をあげ、来たるべき新しいシーズンを結束して、更なる観客動員と発展のために努力しようと訴えて締めくくる。

ひと頃、このミーティングに、日本から球団幹部や監督が相次いで訪れたことがある。

開会に先立って、日本から来ただれだれと紹介される。巨人軍の正力亨オーナー（名誉オーナー）は別格であるが、しかしそれはたとえると、ボクシングの世界タイトルマッチに先立って、リングアナウンサーから、その日のイベントを華やかにするために、リングサイドの著名人が紹介されるのに似ている。オレはもてる……勘違いをした日本の監督もいたが、訪問者が出席できるのは、コミッショナーのスピーチが終わるまでである。

彼らはすぐに分科会に移る。遠征旅行担当は彼らだけで、来季の移動打ち合わせを開く。ゼネラルマネジャーは、トレード会談を始める。その球団の本拠地では、ファンが新戦力を待っている。成立させなければ不名誉にもなる。冬のペナントレースの開幕でもある。

生原は、多忙な全球団のゼネラルマネジャーの部屋部屋を、ノックして歩いた。彼は大リーグの職員であるし、ピーター・オマーリーの許可をもらっているから動けた。長嶋はじっと待つしかなかった。

キャッチャーと聞いて、モントリオール・エキスポズのゼネラルマネジャー、ジム・ファニングが興味を示した。

長嶋は生原ともどもファニングに会った。ファニングは長嶋の狙いを聞いて、大きくうなずいた。実は、彼はかつてシカゴ・カブスのキャッチャーだったのである。ボブ・スティンソンを推し、本人さえ同意すれば、トーキョー・ジャイアンツにゆずってもよいと言った。

スティンソンはこの年、出場三八試合、八七打数一五安打、本塁打一、打点九、打率は低かったが強肩だという。それに何よりも、二九歳という若さが魅力であった。

「スティンソンは、今ウインターリーグに行っている。見てよければ、もちろん、直接交渉してもらって結構です」

ウインターリーグは、中南米のプロ野球である。このリーグの首脳や興行主たちは、オレたちが本当のプロ野球、北米の野球関係者が自分たちのことをメジャーリーグと言っていることなど、とんでもない。反米感情をむき出しにして、大リーグをサマーリーグと呼んできた。

長嶋と生原は、魅惑のキャッチャーを見るために、アメリカ時間の一二月一九日、カリブ海に浮かぶイスパニューラ島、ドミニカ共和国の首府サントドミンゴに飛んだ。搭乗機が空港にタッチダウンを始めたとき、夕日が赤く燃えながら沈もうとしていた。

スティンソンのプレーは元気がよかった。長嶋は面談した。彼は長嶋の話に心を動かし、東京行きを承知したが、夫人がうなずかなかった。養女をもらったばかりなので、北米から離れられないというのであった。彼は翌年、カンザスシティー・ロイヤルズにトレードになった。ロイヤルズでは出場六三試合、打率〇・二六五であった。

帰国した長嶋は、このことを一言も言わなかった。「残念だ」ということもなかったし、球団を非難することもなかった。

生原は来日するたびに、日本に帰って来られますようにと、必ずおまいりに行っていた東京・湯島天神や、本郷五丁目の美術店の奥のティールームで、

「スティンソンは、どうして日本に来なかったんだ。カネが稼げたのに、どうかしている」

と、何度も言っていた。同行中によほど長嶋のつらさを見たのであろう。

話が先に進むが、巨人はこのあと昭和五〇年に、ボルティモア・オリオールズの二塁手、デーブ・ジョンソンを取っているが、調査を積み重ね、狙い定めてのことではなかった。この年のベロビーチキャンプさなかに、捕手阿野鉱二が盲腸になり、市民病院に入院した。チームは帰国したが、球団常務佐伯文雄が付き添いで残っていた。生原は暇を見ては、病院へ見舞いに行っていたが、たまたま新聞で、ジョンソンが整理になったのを知り、佐伯に知らせたのである。

昭和五一年には、テキサス・レンジャーの左腕クライド・ライトを取っているが、この場合もひょんなことからである。四月、球団を整理になっていたライトが、ドジャースのゼネラルマネジャー、アル・キャンパニスに、「何か仕事はないか」と電話をかけて来たのである。

電話に初めに出たキャンパニスの秘書・マージが、昼休みに、生原に午前中の出来事の一つとして、なにげなくしゃべったのが始まりである。生原はライトなら、日本である程度は働けるはずだと、巨人の球団事務所に電話で知らせ、採用に至ったのである。

この二例は、巨人が初めて外国人選手を取ったときの実際である。初めてのことであったから、体制が整っていなかった。やむを得なかったかもしれない。国産打線のＯＮが偉大であり過ぎたとも言える。

平成一二年、マルちゃん、ドミンゴ・マルチネスが特に前半見事に活躍したが、平成一〇年かぎりで西武が放出した彼を、面子《メンツ》にこだわらずに平成一一年に採用したのは、代表・山室寛之の決断ゆえである。外国人選手のことだけではなく、巨人軍のフロントは、山室が登場するまで、長い間回り道をして来た。球団のいのちは戦力検討とチーム編成、そして査定である。

監督を支えるのもまず編成である。

□　□

長嶋は戦力が十分に整わないまま、昭和五〇年を迎えた。宮崎市内の球場から、青島に移ったキャンプは、強風と悪天候でドロとの戦いとなった。記者団から「ドロ・ビーチだ」と声があがるほどであった。

巨人は練習不足のまま、ベロビーチに遠征したが、海外キャンプを実施した年は、帰国してからが難しい。オープン戦が少なくなるからである。

ピッチャーの登板をどう割り振るか。新時代を考え、若い投手の登用登板を多くすると、ベテラン投手の実戦調整が遅れる。ベテランに重点をおくと、新戦力のテストができない。結果はうまくいかなかった。スタッフも新しかった。

四月五日、巨人は後楽園球場での大洋戦で、ペナントレースに突入したが、堀内が打ち込まれた。多難の開幕であった。

一〇月一五日、最下位に落ちたままの巨人は、後楽園球場で広島二六回戦を迎え、〇対四で敗れた。巨人を破った広島は、初優勝を決めた。情熱のコーチ、二軍監督・野崎泰一や藤村隆

男は、巨人軍のON時代、猛暑の二軍練習で、ノックバットを振りあげ、若い選手に、

「それ！　長嶋だ！」

「こんどは王だ！」

ONにぶつかる選手になれ！　と、猛打球をたたき続けてきたが、ついに巨人を破って、結団以来二六年、宿願を果たした。

一〇月一七日、セ・リーグは閉幕した。巨人の年度成績は、四七勝七六敗七分り。無敵時代のOBにはとうてい考えられない結果であった。堀内一〇勝一八敗、小川邦和八勝一〇敗、横山忠夫八勝七敗。長嶋がなんとか育てようと、これでもかこれでもかと登板させた、新浦寿夫は二勝一一敗。ストライクが入らない。野球にならなかった。

このとき、コーチであった町田と、平成一二年七月に東京ドームで会うと、二五年が過ぎ去っているというのに、

「あのときの長嶋監督は、新浦を送り出したあとは大変だった。サインを出しに、キャッチャーをやりに飛び出しそうな勢いでしたよ」

まだ言っていた。

平成一一年三月、当時用具係であった大森光夫が、球団総務部次長を最後に、定年で退職することになったので、彼と東京池袋西口、立教大学そばの日本酒とうどんの店「立山」で会った。最下位メンバーの一人、横山が開いている店である。

大森は初め運動具会社「玉澤」の社員で、巨人軍の練習が終わりに近づいた夕暮れに、選手が注文した用具を届けに、多摩川の土堤を、単車を飛ばしてやって来たのが、昨日のことのようである。

その後、誠実な人柄と仕事ぶりを買われて、巨人軍に「入団」した。愛称は「小型力道山」。胸を突き出し、よく働いた。

大森に長い間ご苦労さまでした……というとさびしくなるので、当時スコアラー、今は二軍査定担当小松俊広にも来てもらって、多摩川を語る会ということにした。小松は昭和三二年のセンバツで、早実の王と投げ合った、高知商業の左腕投手である。長嶋は監督第一年を迎えるに当たって、小松を一軍マネジャーに希望した。巨人軍でいちばん正直な男であるし、巨人軍の歴史をよく知っているからであったが、球団は長嶋の希望を叶えなかった。

大森と小松は、毎年開幕前に、二人だけで「優勝前祝いの会」を開いている。そういう男である。

店に、最下位メンバーの投手団の写真が飾られてあったのがいけなかった。多摩川を語る会ではなくなった。大森が話しだした。

「あの昭和五〇年、巨人軍が苦戦していた夏、暑い日でしたよ。練習が休みになって家にいると、長嶋監督から電話がかかって来たんですよ。『大森ちゃん、今、佐倉から西瓜《すいか》が届いたんだ。切って食べたらこれがうまいんだあー。すぐに食べに来ないかあー』って」

大森は長嶋に感謝していたが、私は仰天《ぎょうてん》した。当時大森の家は、東武電車伊勢崎線の武里駅の近くである。田園調布まで電車の駅は五〇を超える。

「これから毎年、夏が来て、果物屋さんや八百屋さんの店先に西瓜が並ぶようになったら、長嶋監督を思い出しているでしょう。監督はほんとにやさしい人なんですよ」

この秋、球団はテコ入れに乗り出し、杉下茂をピッチングコーチに迎えた。杉下はもちろん長嶋より先輩であるが、監督がミーティングを開くと、真っ先に帽子を脱ぎ、直立不動の姿勢で長嶋を迎える。そういう杉下を、翌年私は何度も見ることになる。見事な男である。ヘッドコーチ関根潤三は二軍監督に転出した。球団はまた、東映から張本勲、太平洋から投手加藤初らを加え、本田技研鈴鹿の山本功児（千葉ロッテマリーンズ監督）、駒大の中畑清……らの新人を補強した。こうして、巨人は昭和五一年、五二年と、セ・リーグを制したのだが、両年とも日本シリーズで阪急に勝てなかった。

チームの土台はまだ固まっていない。五一年、一軍に上がった中畑清は、代打出場七試合で二軍に落とされ、故郷福島県矢吹に近い郡山・開成山球場で、二軍に合流して泣いた。のちの「絶好調」男も、プロ野球のきびしさを初めて思い知らされる。チームには、このような思いをした男が何人もいなければ、強くならない。

一ミリの違いで

昭和五五年一〇年二一日、長嶋は退陣した。この年の六月、私は札幌で、日本テレビ系列局、札幌テレビの報道局長・渡貫孚文から、

「長嶋が解任らしい」

と、聞いた。同局で役員会があった直後のことであり、渡貫は佐倉高校の先輩である。佐倉高校（佐倉一高）は、もともとは進学校で、昭和二六年に、慶応大に進み、野球部でがんばった西村是一（千葉黎明高校理事長）のように、教育畑に進む卒業生や、新聞界に進む卒業生が多い。そういう交友もあるだろう。情報のスジはしっかりしているが、まさか、と思っていた。在任六年、長嶋はとうとうエースにめぐり合えなかった。西鉄に赴いた三原脩が稲尾和久に、大洋で秋山登に、南海の監督鶴岡一人が杉浦忠に、東映に移った水原茂が土橋正幸、尾崎行雄にめぐり合ったようにだ。

それに、長嶋の第一次監督時代は、野球界が急変激動したときである――。高校野球は昭和四九年の夏の大会から、金属バットの採用に踏み切った。そうは折れないから、部費が乏しいチームは大助かりであったが、打球はよく飛ぶ。若者たちから打撃への祈りが消え始める。昭和五一年、後楽園球場が人工芝になる。イレギュラーバウンドする打球がほとんどないから、いつしか内野手から突進が消える。この五一年、アメリカではＦＡ制が採用される。すさまじ

い高給与と、オプション。当然、日本にもその影響が波及してくる。

そして、昭和五三年秋に、巨人が江川事件を引き起こす。可否については言うまでもないが、巨人はドラフト撤廃を叫んだので、ドラフト会議をボイコットした。終わってからドラフト外で一〇選手を採用したのだが、一一球団が計四四選手を指名したあとであったから、彼らが戦力になるのは難しいことであった。もし、スカウト沢田幸夫が、すでに社会人野球プリンスホテルに入社が決まっていた鹿取義隆を、この一〇人のなかに加えなかったら、この年のドラフトは全滅だったと言えた。チームの選手構成に断層ができると、ボクシングのボディーブローのように、あとから苦しみがやってくるのである。沢田は関係者に頭の下げどおしであった。

長嶋の後任は藤田元司。ファンの感情は定まっていない。人気監督のあとであるから、藤田は大変だったと思う。

一一月四日、王貞治がいかにもこの人らしく静かにバットを置いた。王の現役生涯ホームランは八六八本であった。

長嶋は「浪人時代」に入った。仮に役者の世界で、長い間舞台に立たなかったら、お客さんにすっかり忘れられるのであろうが、ファンも関係者も、この男を忘れなかった。

五六年の正月には、もう大洋入りの騒ぎが始まったが、実体はあまりなかった。この騒ぎに乗じて、東京キー局の一局が、大洋巨人の中継権を狙って動いた。テレビは魔術師になろうとしていた。

この年、藤田が優勝を飾った。

ナインが優勝旅行のハワイから帰って来た翌日、一二月のその日。昭和四一年に巨人軍に入団した、八女高―河合楽器の俊足強肩外野手・才所俊郎と、同じ四一年入団の、鎌倉学園の左の長距離打者、林千代作は、思い出多い多摩川グラウンドで待ち合わせをした。

二人はすでにユニホームを脱ぎ、才所は横浜の、食品などをパックする機械を造る会社に就職していたし、林は水処理の会社に勤め、いずれ独立するつもりでいた。お得意さんは地下鉄である。彼らは休みがとれるとよく会っているが、この日は彼らの優勝旅行であったのかもしれなかった。

グラウンドには、もちろんだれもいなかったが、話は猛練習のことになった。

そういえば練習が終わり、ボール係の林が袋をかついだとき、動けなくなったことがあった。多摩川にはまだ渡しがあった。林は合宿がある対岸まで渡し舟に乗った。三〇円だったろうか、四〇円だったろうか。彼にとって、短く、豪華な舟旅である。

「長嶋さんお気に入りの、やきとり屋へ行ってみようか」

土堤を越えて歩き出した。いつしか田園調布の西口に向かう、丘の下にやって来た。

ゆっくり坂道をのぼった。

「あれーえ、長嶋さんちの前に来ちゃったぁー」

才所が声をあげて、見上げた。

「すげえー家だ。さすが、長嶋さんだ」

林は返事をしない。

「千代作、感激しないのか」

促されて、

「なあーに、オレたちと一ミリしか違わないや」

九州男児らしく、才所が怒った。

「千代作！　一ミリしか違わないだってえー。なんということを言うんだ。大先輩に失礼だぞ」

林は笑った。

「才所さん、オレたちのジャストミートより、長嶋さんのジャストミートのほうが、一ミリボールの芯に近かったんですよ」

「ちがいない。それでこんなにりっぱな邸！」

「イエス、サー」

その晩、東口のやきとり屋は込んでいた。私たちは、東横線綱島駅近くの、才所の家で続きを語り合った。

林は一軍に上がり、阪神戦のために遠征した芦屋駅前、竹園旅館での話をした。

「試合が終わり、夜遅く、もう真夜中ですよ。長嶋さんにバッティングを教えてください……

と言うと、長嶋さんは、部屋に入れてくれたんですよ」

「千代作、そんなことがあったと」

「長嶋さんのコーチはすごかったですよ。パンツも脱いで、真っ裸でバットスイング。千代作！　ここの筋肉と、ここの筋肉を使うんだ。もっと鍛えろ！って……終わったら、もう三時近くになっていましたよ」

平成一二年、松井、高橋由伸をひそかに呼んでコーチしたときも、こうであったろう。

プロ野球のユニホームを脱いで世の中に出てから、二人には人に言えぬ苦労ばかりであったろうに、彼らの明るさが胸に迫った……。

そういえば、この時代、東京・麻布台のアメリカンクラブで、長嶋と昼ごはんを食べたことがある。食堂は時間が時間であったので、在日外国人で満席であったが、ハープの演奏が静かに流れていた。だれもが静かに話している。

話はいつしか大リーグのことになり、彼らの球をどう打つか、バッティングに及んだ。

すると、長嶋は、

「よし！」

と言って、フォークをつかんで立ち上がり、握りしめ、バットをワッグルするようにしてから、構えを作り始めた。アゴを上下に一、二回動かした。現役時代、この男は、凡ゴロが二打席も続くと、ヘルメットのツバを、ほんの少し上にあげて打席に立った。ボールを下から上に見ようとしたのである。反対に凡フライが続くと、ツバを深くした。ボールを上から下へと見てたたこうというのであった。

アゴを左肩の上にのせ、少し引くと、

「これだ！」

と叫んだのであった。それは、まぎれもなく二死満塁の構えであった。彼には外国人客など眼中になかった。

日本一の栄光

平成四年一〇月一二日。

長嶋茂雄は、再び巨人軍の監督に就任した。話はいきなり、一二年に飛ぶが、この年の一月末、長い間オリックスを担当し、イチローをよく見て来た、『デイリースポーツ』の記者・若林みどりが、巨人軍担当となって転勤した。初めての東京である。キャンプ前に、彼女は長嶋に挨拶をした。キャンプが終わり、オープン戦が始まり、遠征随行で同じ飛行機に乗り合わせた彼女は、より名前を覚えてもらおうと、念のためもう一度名刺を出した。

「驚きました。長嶋さんがわざわざ、狭い機中なのに席から立ち上がって、名刺を受け取ってくれたんです。『若林さんですね。ご苦労さまです』と言って……」

彼女は同郷の先輩に、そう告げている。きっとそうであろうと、私は思った。

現役時代から心改まるときはそうであったが、戻って来た長嶋茂雄は、歳月がそうさせたのか、より伏目がちな男になっていた。話をすると、うなずいたときや、話を受けたときの「ハイ」という言葉には変わりがなかった。

□　□

一一月二一日、長嶋はドラフト会議に出席。四球団がぶつかった高校野球界一の長距離打者、星稜高校の松井秀喜の指名権をクジで引き当てた。幸先のよい出発である。

星稜はこの年の夏も甲子園大会に出場しているが、大会が始まる前々日、兵庫県加古川の川崎製鉄のグラウンドに練習を見に行くと、監督山下智茂が、外野でランニングを始めていた。気温三五度、山下は四五分間も一人で走り続けていた。気力の鍛錬である。

駒澤大学を卒業した彼が、金沢の星稜高校の教員となったのは、昭和四三年のことである。冬、彼は朝六時には出校し、校門前の道路と広場の雪かきをした。始業時間に遅れそうになった生徒が駆け込んだときに、すべってころんではいけないというのである。彼のすべては、このようないたわりから始まっている。

一年ののち野球部顧問、監督になった。星稜のグラウンドは、今は学校近くの丘の上にあるが、彼が監督になったときは、野球部のグラウンドはなかった。しばらくして作ることになったが、予定地は蓮の沼。山下は毎日、腰まで水とドロにつかり、たった一人でグラウンド作りを始めた。

やがて結婚。練習が終わると、選手にライスカレーを食べさせた。この地方は、通学の乗り換え駅での待ち時間が長い。家に着くのが遅くなる。冬は寒さにふるえるだろう。母親が能登の門前町から、米や玉ねぎ、ジャガイモ……を送ってくる。夫人が肉をどかっと買い、ルーを工夫して作る。

松井はほかの生徒に比べると、近いほうである。金沢駅からＪＲ北陸本線で小松に向かって西金沢、野々市、松任、加賀笠間、美川、小舞子、寺井。寺井が最寄駅であるが、それでも家は、石川県能美郡、根上町の北、安宅の関に近い。

キャプテン松井の号令で体操が始まり、キャッチボールが終わると、打撃練習が始まった。〈ゴジラ〉が打ち出した。打球はことごとくライトのネットフェンスを越え、その後ろの松林に飛び込んだ。野球部長・野村治夫が球拾いに忙しかった。

一撃、大飛球がたたき出された。打球は松林を越え、その後ろの道路上空を飛行し、さらにその後ろの、高い高速道路の防音フェンスを越えて消えた。松井の打球に見慣れているはずの野村が、呆然として見送った。私も息をのんだ。球場の管理人によると、この球場で阪神タイガースが練習したときの、ランディー・バース以来の長距離弾だという。

松井が巨人との入団手続きなど、すべてを終えて迎えた平成五年一月一七日、金沢の都ホテルで、監督二五年の山下に感謝する教え子たちの会があった。大広間は、山下カレーで育って、世の中に出た教え子たちであふれるばかりであった。会が終わり、数人の二次会になったとき、山下は、酒興で歌った。

〈男ならやって見な〉

松井への思いはこうであろう。

長嶋は、松井に、

「松井君　君は巨人の星だ

　　ともに汗を流し、王国を作ろう

　熱い期待をこめて待っている　　長嶋茂雄」

色紙を贈っていた。

□　　□

このときダイエー・ホークスのスカウト、石川晃はまだくやしがっていた。クジにはずれて、松井を取れなかったからではなかった。

このとき、三〇歳であった石川に、私が注目し始めたのは、まだ田淵が監督であった時代で、炎暑の高校野球の甲子園大会で、調査活動に来ていた彼が、きちんとネクタイを締めていたからである。高校野球への畏敬である。

彼は、ドラフト会議前に開かれたダイエーの会議で、一位を松井で行くと決まったときに、机をたたかんばかりにして、

「松井はたしかにまれに見る大物選手です。ですが、今は取りたいのをじっとがまんして、総

力をあげてピッチャーを取るべきです。優勝するために……」

　このときから二年後に、王貞治がダイエーの監督に就任する。王は平成八年五月一九日、岡山に出張中であった石川に電話をかける。

「チームの成績が悪くて、仕事がやりにくいだろう。悪いなあ！」

　このときが、日本シリーズ、ＯＮ対決の幕開けだったとも言える。石川は王の人柄に涙する。すでに青山学院大学の三塁手、小久保裕紀を逆指名で取っていた彼は、井口忠仁、松中信彦、岡本克道らの獲得に突き進むことになるのである。平成一二年春には、学生野球ナンバーワン投手、立命館大の山田秋親に迫っている。

□　　　□

　第二次監督、第一年のキャンプが始まったとき、長嶋を喜ばせたのは、グラウンドキーパー・荒木立示の歓迎である。

　荒木は田園調布の駅の隣にあった生花店の二男で、少年時代、毎日、巨人軍の多摩川グラウンドに遊びに行っていた。いつしか、グラウンドキーパー務台三郎への尊敬が、ポツンと胸に宿った。練習が終わった夕暮れに、たった一人で黙って働いている。偉い人なんだ。務台のオジサンの弟子になりたい。立示少年は務台にくっついて歩いた。Ｖ９時代の秋、多摩川グラウンドの左中間からセンターにかけて、ネットフェンスの下に、色とりどりにコスモスが咲き、風に揺れていたが、立示が兄に手伝ってもらって育てたのである。打撃練習で長嶋が放った打球が、コスモスのなかに飛び込むと、打球がキレイに見えてうれしかつた。

立示は学校を卒業後、こうして巨人軍に〈入団〉したのだが、長嶋を監督だなどとは思っていない。友だちなのである。彼は長嶋にズケズケものを言った。

「優勝しなきゃあーだめだよォー」

これが歓迎であった。素朴なチーム批判をときにはぶつけた。長嶋は大喜びをし、二人だけに通じるあだ名をつけた。

「おい！　過激派！」

練習が終わりに近づくと、長嶋はスウーと〈過激派〉に近づき、しばらくの間の会話を楽しんでいた。

長嶋が、宿舎青島グランドホテルに引き揚げると、〈過激派〉は土をならすトンボを動かし始める。私は外野に沿ってその日の練習と、最後のランニングで、土がどのくらい掘れているかを、いつも見ていた。掘れていれば、しっかり走っていた証拠になる。平成五年、巨人キャンプの土はあまり掘れていなかった。

ペナントレースが始まると、長嶋は本拠地試合のときには、昼少し前にはもう東京ドームに来ていた。が、監督室にはすぐには入らなかった。決まって監督室の奥の資料室に入った。二軍からの報告がファクシミリで入る。その日の試合に必要なデータも洗い出せる。一二年間の空白を、懸命に埋めようとしていたのかもしれなかった。長嶋はＩＤ野球を実は始めていた。

長嶋が東京ドームに早くから来ているのを、コーチも選手もしばらくの間気がつかなかった。監督室をのぞいてもいなかったからである。

その日のデータを頭に入れると、長嶋はキャッチャー村田真一を呼び、村田の意見を聞き、打ち合わせをした。やっと気がついた選手たちが、村田をうらやましがった。

「いいなあー。監督と話ができて……」

時間がくると長嶋は監督室に入り、ユニホームに着替え、何事もなかったように、練習が始まっているグラウンドに出て行った。

テレビカメラは、長嶋の表情ばかりを追っていたが、巨人は江川が入団したころから、練習中に球拾いをしないチームになっていた。投手団は奇妙にも、一部が何かにつけてまとまり集まっていた。いちがいにいけないとは言えないが、まちがえると仲よし倶楽部であり過ぎることになる。ときには〈派閥〉のようにもなりかねない。

長嶋はあの明るい笑顔や、伝わってくるやさしさからそうは見えないが、激しい男の競争がない投手団を、いいとは思っていなかったはずだ。平成一一年秋、工藤公康がダイエー・ホークスから入って来たときに言っている。

「工藤はいい。カモメのジョナサンではないが、決して群れない」

野手たちにも、打撃練習で打ち終えると、そのままロッカールームに直行する選手が増えた。特に翌年、落合が中日からＦＡで加入してくると、この傾向が強くなった。最後まで残って生きた打球を追い、球拾いをやっていたのは、川相昌弘と吉村禎章である。あとはバッティングピッチャーら、裏方さんたちだけであった。長嶋監督第一年の成績は、Aクラスには入ったが、三位であった。

□　□

平成六年の宮崎キャンプは、前の年に比べ、少しだけグラウンドの土が掘れているようになっていた。練習が終わるまで残り、〈過激派〉に確かめると、

「昨年よりちょぃといいですかねぇー」

と、言っていたが、彼は、

「それより、今度、宮崎へ来るときは、早稲田の森徹、酒井、慶応の佐々木信也、明治の沖山、近藤和彦、監督が立教のころの東京六大学の、アジア大会へ行った連中のツアーを組んで来てくださいよ。監督はライバルが来ると燃えますから……」

「〈過激派〉むちゃ言うな！」

「だめですか。冷たいんだから……」

この年、他球団を回り、また宮崎を訪れたのは、もうキャンプが終わりに近づいていた、二月二四日のことである。

改めて不思議でならなかった。砂押以来、あれほどの猛練習で時代を築いたというのに、長嶋は、どうして猛練習をやらないのだろうか。現役時代、昭和三八年冬、主演映画「ミスター

ジャイアンツ　勝利の旗」の撮影には、バットを抱えて、東宝映画の撮影所に通っていたではないか。長嶋はセットの陰でバットを振っていた。第一次監督時代、最下位に落ちた第一年の秋、静岡県伊東で実施した猛練習は、あまりにもよく知られている。

毎年、キャンプ初日から宮崎に乗り込み、長嶋を見続けている評論家の田中茂光が、レフトの向こうの公園の林に目をやりながら、おかしそうに笑った。

「トレーニングコーチらが、ミスターに『もっと鍛えましょう。走らせましょう』と言うと、ミスターがあわてましてねえ－、『おい、大丈夫か。そんなことをしたら、こわれないか』

今の選手はひ弱い――と、見ているのであろう。

二六日、朝遅くなって球場に着いた私は、正面玄関を通ると、一塁ベンチに向かって、廊下を歩き出した。記者はネット裏の記者席か、三塁側ベンチで見るようになっているのだが、あとで、私は自分に向かって、苦笑する。実況担当本番の日でもないのに、巨人ベンチに向かったのだ。昔の癖だ。

ベンチに入ろうとしたときに、窓越しに奥の部屋にいた長嶋と目が合った。長嶋はうどんを食べていた。

「食べませんか」

昼にはまだ早い。

長嶋は、明太子の包みを開いた。

「博多のファンの方にいただいたんですよ。一つ、どうですか」

この分では、きょうは三塁側の報道陣用の食堂「源太郎」への、コロッケの特注はなさそうである。主人公の松元源太郎は、長嶋から昼近くなって、「コロッケ！」と特別注文があると大喜びをする。

「源太郎」はV9時代、宮崎県庁のそばにあった食堂「ひろせ」の親類で、グラウンドキーパー務台三郎と仲がよかった。つまり〈過激派〉の師匠のお気に入りの店である。長嶋は宮崎の町の人々に気をつかっている。

長嶋のそばには、コーチ三人が座っていた、彼らは一緒に食べていない。

長嶋が言った。

それは独り言に近かった。

「まだ、早いんですが……」

三度言って、目を伏せた。

この短いつぶやきを翻訳すると、選手がまだ練習をしているときに、自分だけが、先に食事をしてすまない——という意味である。もともと、プロ野球人の言葉は短い。

四度目に、

「……ちょっと、失礼しまして……」と、言った。おなかがすいたわけではない。次の日は、宮崎でのオープン戦第一戦の対近鉄戦である。こういうときに、巨人軍の監督は、市や警察、消防署、宮崎キャンプ協力会への挨拶回りに行かなければならないことがあるのである。

私はそのとき、この平成六年も、巨人軍が勝つのは、かなり難しい――と感じた。監督が所用で出かけるのなら、コーチはグラウンドでノックバットを振りあげ、声をはりあげていなければならない。

私の直感は見事にはずれた。

巨人は二位ヤクルトに大差をつけて折り返し、後半、夏の終わりから中日の追い上げを受けたが、一〇月八日、ナゴヤ球場で、ともに六九勝六〇敗で中日とぶつかり、この試合に勝って、リーグ優勝を決めた。

劇的な優勝ではあったが、この年の中日は、本当には強いチームではなかった。球団は翌年から再び星野を監督にと決め、高木守道にも通告していたのだが、この通告後に勝ち出したのである。中日に勝っても強力時代はまだ遠い。

巨人はたとえると、打っちゃりで勝ったということになる。怒濤《どとう》の寄りはまだなかった。

一〇月一二日、ダイエー球団が、王の監督就任を正式に発表した。ON、日本シリーズ対決――。すぐにでも始まるような調子でマスコミは伝えたが、ダイエーは、まだまだ優勝できるようなチームではなかった。王の前途も多難である。主力選手に不満が多いチームである。弱いチームの典型である。

オーナー中内㓛も、初め周囲の声に惑わされて、王解任に傾きかけたこともあった。トップは概《おおむ》ね短気であるが、やがて王の続投を貫くようになる。王の誠実な人柄と、責任感の強さを感得するのである。

中内をいさめ、助けたのは、本社専務、ダイエーグループ政策会議専務理事、平成一一年に自ら退いた野村昌平である。野村は今も王の辛抱に感謝している。球団では瀬戸山隆三がよく働いた。

巨人西武の日本シリーズが始まった。

巨人は東京ドームでの第一戦、西武にたたかれ〇対一一。完敗したが、二戦、三戦に勝ち、一〇月二七日、二勝二敗で戦略ポイントとなる第五戦を西武ライオンズ球場で迎える。

一対一の六回表、長嶋は二死満塁のチャンスに、一番ダン・グラッデンを退け、緒方耕一を代打に送った。

緒方は、ふだん打撃練習ではいい当たりを飛ばしたことがない。フラフラと、内野を越えそうにないフライを打ちあげる。ところが試合になると、ピシャリと打つ選手である。

緒方が空振りした。この日は、本番でもからだが崩れ、バラバラになっている。ネット裏の記者席では、「こりゃあーだめだ」の声がもれた。

が、次の瞬間、「ウソだ!」という叫びに変わった。緒方のバットから飛び出した打球が、レフトに向かっている。

左翼席に入った。緒方が塁間を走る。背番号「四四」がおどる。

「大穴だ！　今年の天皇賞は四―四でいけ！」

一人の記者が叫ぶと、記者席はどっとわいた。巨人は九対三で西武を破り、王手をかけた。記者会見が終わったあと、長嶋が、取り囲んでいた一人、ラジオＲＦ日本のキャスター、岩田暁美に、ひょいと漏らした。

「きょうは銀シャリだ。銀シャリ」

長嶋も古い。あの戦後、米のめしなどめったに拝めなかった。臼井で食べものに不自由はしていないはずであるから、立教時代を言っているのであろう。第五戦の勝利はこれほどの僥《ぎょう》倖《こう》と、素直に言っていたのであろうが、私には長嶋は、巨人軍にはまだ本当の力は備わっていないと考えている――と解釈された。日本シリーズは、舞台を再び東京ドームに移した。巨人は第六戦、西武を破り、四勝二敗でチャンピオンフラッグを手にした。

メークドラマだ

平成七年は、阪神・淡路大震災で多くの人々が亡くなり、苦しんだ年であるが、神戸が本拠地のオリックス・ブルーウェーブが、パ・リーグで優勝した。

巨人は四月七日、東京ドームでのヤクルト戦で開幕を迎え、斎藤雅樹が二年連続の完封勝利を飾った。二対〇。翌四月八日は桑田真澄が先発し、九回表で二―〇。順調な幕開けと思えたが、ヤクルトの飯田哲也への死球が危険球と見なされて退場。それから巨人はあっという間に逆転された。二対五。不運と言えばそうだが、それを乗り越えるだけの力がなかった。セ・リーグはヤクルトの優勝で閉幕した。巨人は七二勝で三位であった。斎藤が一八勝一〇敗の成績を残した。

彼は五八年、市立川口高からドラフト一位で巨人に入団。巨人のエースになっていたが、このとき三〇歳、これから円熟ざかりとなるであろうが、それでも年齢を考え、球団はチーム編成の次の時代の準備を始めなければならなかった。

この平成七年かぎりで、原辰徳が現役のユニホームを脱いだ。前の年からもうからだが動かなかった。長嶋の古い友人との会話に、スカウトの話が増えだしたのは、この頃からである。高校野球や学生野球の球場での、巨人のスカウトの立ち居振る舞いはどうだろうかと、しきりに案じていた。プロ野球は平成五年のドラフト会議から、社会人、大学の一、二位指名選手に限って、逆指名権を認めることに踏み切っている。

□　　□

平成八年、巨人の新しい時代への歩みは遅々としている。巨人は開幕から乱高下を繰り返した。六月二五日、一回表、ヤクルトの四番、トム・オマリーがショートフライを打ちあげると、川相が両手でしっかり捕った。凡フライだと、片手でひょいとグラブを出して捕る選手が多いなかで、見事だ。このほうが捕ってから次の送球動作に移るときに早い。かつて長嶋がそうであった。三回、池山隆寛がライトフライを飛ばすと、松井秀喜が同じように両手でしっかりつかんだ。野球は二七のアウトを確実に取っていくゲームである。

いいプレーが増え始めてはいたが、一方では、一度は打球に向かいながら、途中で逡巡《しゅんじゅん》するプレーが、控え選手に少なくなかった。乱高下が繰り返されるわけだ。巨人はそのあとの広島三連戦に三連敗をした。

広島遠征から帰って来た巨人は、七月二日から神宮球場で、ヤクルト三連戦を迎えた。

その第一戦も、落合は一塁守備につくのに走らない。三塁ベンチを出ると歩き、九回裏マリオ・ブリトーが規定の投球をしているバッテリー間を、平然と横切って行った。それでも、巨人はヤクルトに勝った。七月三日も勝った。落合がホームランを打った。

七月四日、ナインがレフトスタンドと、内野スタンドとの切れ目の通路から入場して来たとき、記者席に座っていた私は「あっ！」と声をあげていた。はずむように行進して来る。六月の巨人とも昨日までとももちがう。帽子のツバを真っすぐに伸ばし、見事にユニホームを着こなしている。

「こんな選手がいたのか。だれだろう」、近づいてくると長嶋茂雄である。私は苦笑した。

いいに決まっている。前夜までで、首位広島カープに一一ゲームの差をつけられているのに、こうだった。

長嶋は現役時代から新しい帽子をおろすときは、帽子のなかからマークの後ろをぎゅうぎゅう押し、帽子をかぶったときに、オレンジ色のＹＧのマークが浮き出るようにしていた。少年ファンに見てもらい、喜んでもらおうというのだった。

もう一人、はずむように入場して来た男がいた。長嶋ではない。まだいるのか。近づくとキャッチャー村田真一であった。村田は昭和五七年、スカウト伊藤菊雄によって滝川高校から入団。やがて一軍に上がったが肩を痛め、手術を受けた。再起の、ジャイアンツ球場での二軍戦に起用されても、盗塁をされると、二塁までボールが届かなかった。彼はそこで、ピッチャーの投球を受けると、一球一球立ち上がり、全球ピッチャーの胸をめがけて返球していた。こうすれば、二分の一、盗塁阻止になるというのであった。返球する彼は泣き顔になっていた。長嶋にも、現役時代、ここというときに泣き顔になることがしばしばあった。必死の思いでプレーをすると、こうなる。

村田はヤクルト戦になると勇み立つ。監督・野村克也と勝負したいのだ。オールスターゲームのベンチで、野村はしきりに村田に話しかける。巨人を倒すには、村田をつぶすのがてっとり早いと、考えている。たしかに村田は、巨人投手団の全幅の信頼を集めている。

村田はとぼける。

「王さんもすごいですが、野村さんは重労働のキャッチャーだったのに、ホームランを五〇〇本も打ってすごいですね。バッティングを教えてください」

村田は野村の生涯ホームランが、六五七本なのを知っているが、わざと五〇〇本！と言った。

野村は、半ばうなずきながら、

「バーカ、六〇〇本！」

四日後の北海道でも、彼は試合前夜に、この話をすることになる。

「野村さんはいいとこありますわ。純情なんですよ」

□　　□

巨人の練習ががらりと変わったのは、この日からである。

松井が走っている。ランニングが今までとちがう。ストライドが、広く、大きく、見事な前傾姿勢である。上体が浮かない。松井はランニングを終えると、バッティング練習のために、バットを取りにベンチに帰ってくるときに、途中で猛スピードで球拾いをした。

私は星稜の監督・山下智茂が、アドバイスを送ったにちがいないと思った。山下は地方紙をはじめ、全国紙、スポーツ紙、全部で八紙を購読し、教え子たちの動きを的確につかんでいる。あとで金沢を訪れ、たしかめると、

「松井には走れ、走れと、続けてファクスを送ったんです」と、頭をかいた。

新人清水がバッティングケージのなかに入った。初めに、バントを七本ころがした。

ふつう打撃練習の第一打は、目ならしもあってバントをするが、一本だけで二球目から打ち始めることが多いのに、こうしていた。彼はバントが上手ではない。川相のようにひざが地面につくほどには、低い姿勢ではなかったが、送りバントを練習してから、そのあとバスターバントを七本も試みていたのである。

試合開始が近づき、ベンチ前で円陣が組まれたときも、私は驚かされた。新人仁志がこの日、輪のなかに入っていたのである。初めて見た。

巨人はこの日もヤクルトに勝って三連勝。村田がホームランを二本打った。が、七月六日、東京ドームで阪神に敗れた。首位広島とのゲーム差は一一・五。一〇日後に、監督長嶋が、「メークドラマ」と、叫ぶことになろうなどとは、だれも思ってもみない。

□　□

平成八年七月八日、巨人は翌九日から始まる、巨人軍北海道シリーズのため、羽田を発った。この日、小野秀夫は札幌の事務所で、砂押からの連絡を受け取って、噴き出していた。

「そっちへゴルフをしに行くぞ」

ゴルフのために、わざわざ飛んで来るわけがない。東京には、砂押をかこむ教え子たちの凸凹会があり、コンペもちょいちょい開いている。

長嶋が心配でならないのだ。広島に大差をつけられている。この八日の時点でも一一ゲーム差である。監督就任二年目で優勝したのはよかったが、なるべく早く、間をあけないで優勝しないと、監督の基盤は揺らぐ。砂押はそれを案じているのである。小野には砂押の気持ちが痛いほど分かる。長嶋に会って激励したいのだが、

「おい！　シゲに会いたいんだ」

とは言えない。

「砂押の親爺のやせ我慢は、変わりないなあー」

小野は頬をゆるめていたが、そうもしていられないとあわてた。長嶋への連絡や入場券を、手配しなければならない。

その七月八日、札幌圓山球場での広島の前日練習は、見事なものだった。球場に着くと、正田耕三が真っ先に、グラウンド整備のトンボをかけた。左腕大野豊が続いた。

打撃練習が進み、マウンドの打球よけのネットが少しずれると、浅井精が全速力でマウンドに向かい、ずれを直した。首位を突っ走っているチームにちがいなかった。一つだけ、野村謙二郎が足を捻挫《ねんざ》したのが気がかりだった。野村はなんとしても試合に出るのだと、遠征本隊を追って札幌に向かっていた。

長嶋は巨人の練習が始まり、主力選手が打ち出すと、バッティングケージから離れて、全体の動きを見ていた。美術館で絵を見るときのように、距離を置いている。バックスクリーンの先では、動物園の観覧車がくるくると回っている。

グラウンドに入ると、長嶋監督の笑顔にぶつかった。

「いらっしゃい」

と、言ってから、彼は言うのであった。

「……本日、天気晴朗なれども浪高し」

明るい語調だった。

私は、ちょうど、島田謹二著『ロシヤ戦争前夜の秋山真之―明治期日本人の一肖像』（朝日新聞社刊）を読んでいるときだったから驚かされた。ふぅーと、昔、箱根の仙石原の山荘で、夜、本を読んでいた彼の姿がよぎっていった。長嶋は広島に勝つと言っているのである。

そこへ報知新聞の中山伯男がやって来た。現役時代から、多くのアマチュア野球の関係者に信頼されてきた名記者であるが、北海道支社長で札幌に赴任している。

長嶋はなつかしそうに中山に挨拶した。中山も長嶋に挨拶したが、長嶋はまたがらりと表現を変えて言った。中山をとおして北海道の読者に発信したのだろうか。

「今は広島カープ、北海道一人旅ですが、分かりませんよ。ハッと気がついたら三人旅になりますよ」

いずれ、広島、中日、巨人の争覇戦になる――と、言っているのである。長嶋は楽しそうに笑った。

七月九日、札幌後楽園ホテル、朝九時。正面玄関にデーゲームの圓山球場に向かうバスが着いた。主力が球場に向かうバスである。発車は九時半である。

九時一〇分、ロビーに現れたのは、村田、松井、マリオ、ガルベスである。四人はさっとバスに乗り込み、出発を待っていた。

九時二七分、いちばんあとからエレベーターから降りて来たのは、落合と、平成七年にヤクルトからFAで加入していた広沢克己であった。

ロビーには、もう番記者は少なかった。長嶋の朝のジョギングを見届けてから、球場に向かったのであろう。目の前は大通り公園である。残っていた一人が気がついた。

「あれ？　長嶋監督はジョギングのあと、どうしたのだろう」

私は、そうか、北海道神宮に参拝に行ったにちがいないと、直感した。もしそうであるとしたら、性格からいって、必勝祈願をするような男ではない。選手が無事でありますように、けがをしませんようにと、手を合わせているはずである。昭和四五年、巨人ロッテの日本シリーズで、選手の無事を祈ってネット裏で手を合わせていた、ロッテのオーナー・永田雅一にホロホロしていたではないか。

私はこの話を、札幌テレビの朝のラジオ番組「巻山晃のオハヨーほっかいどう」のスポーツコーナーで放送した。しばらくすると、スタジオに北海道神宮の神官、浦寛さんから電話があった。

「長嶋さんはまちがいなくお見えになりました。選手の皆さまのご無事を、一生懸命、祈願されていました。お名前は分かりませんが、小柄なお伴の方とご一緒でした」

監督付き広報、広島―巨人―ロッテの左腕投手、小俣進であろう。彼は現役時代、まるで読売巨人軍陸上競技部員になったように、多摩川の土堤を走り続けていた。

北海道第一戦、巨人広島一六回戦は、二回裏に、川相に満塁ホームランが飛び出し、ファンを喜ばせた。ライト外野席に陣取っていた応援団は、ソーラン節で歓迎した。巨人一〇対八。

試合が終わったとき、仁志がドロだらけになっていた。いい姿だ。

ホテルに戻った長嶋は、砂押と小野に会った。忙しいだろうと砂押が遠慮し、短い時間であったが、長嶋は二人に大いに励まされた。このとき記念に撮った写真（一八八ページ参照）を、小野は秋になって招かれた巨人軍リーグ優勝祝賀会で、長嶋に渡した。長嶋は大勢の祝賀の客にかこまれていたが、小野に一礼した。

「ありがとうございます。おかげさまで優勝することができました。ご心配をおかけしました。感謝します」

わずか一〇秒で、謝意をあますことなく伝えたのである。

北海道第二戦、巨人は三対一で広島を破った。ガルベスが力投した。長嶋は上機嫌である。この監督はピッチャーの交代が下手だと、言われている。また送り出したピッチャーが不調だと、立ち直るまでがまんができないとも言われているが、往時、燃えて打ったこの男には、ピッチャーが四球を出すと、コントロールが悪いと考えないで——逃げている——と、見えるらしい。ところがこの日先発したバルビーノ・ガルベスは、広島打線のバットを六本もへし折ったのである。力の勝負、長嶋にはこれが本当の好投であったようだ。

長嶋が、「メークドラマ！」と叫んでファンをわかせたのは、広島戦に連勝してから六日後の七月一六日、東京ドームでの中日戦でのことである。相手は燃える星野仙一。巨人は斎藤雅樹を押し立て、六対二で中日を破ったが、広島とはまだ七ゲーム差あった。

長嶋の叫びに乗ったのは原田賢治、山岡勝らバッティングピッチャーである。原田は「ボクを育ててくれた、オジイチャンとオバアチャンの墓を建てられればいいです」と、安い契約金で初め阪急に入団した男である。山岡は昭和五五年に巨人に入団、多摩川で一本背負い投法で鳴らした。佐倉高校（昭和三六年、佐倉一高から戻る）出身、長嶋の後輩である。

彼らは本来寡黙である。明日もまた投げなければならないからだ。来る日も来る日も、そのために走らなければならない。そこでめったに喜怒哀楽を表すことはないのだが、彼らは優勝だけを楽しみにしているのである。そこで乗ったのだ。

□　□

彼らがキビキビと動き出す。その姿が選手に映る。巨人はジリジリと追い上げる。松井が打ち出す。七月三〇日に打率三割に達した。ホームランは二三号。八月一日、三位ではあったが、首位広島に四ゲームに迫った。八月二五日を終わると、二位でついに一ゲーム差となった。

八月二六日、首位決戦のために、遠征の広島空港に着いたとき、長嶋監督付き広報・小俣が叫んだ。それはまさに殊勲のタイムリーヒットのようになった。

「オーイ、うちの監督が総理大臣に勝ったぞォー」

同じ便に、首相橋本龍太郎が乗っていた。

「ベルト着用のサインが消えると、お客さんが監督のところに殺到したんだ。握手をしてください……って。橋本総理のところへ行くお客さんは、一人もいなかったぞォー」

バッティングピッチャーたちが、また喜んだ。彼らの話はそれからふくらむ。

「小俣さんが言ってたけど、なかに気合が入っているオバチャンがいたんだそうだ。総理大臣に、『あんただれなのよォー。じゃまだからちょっと、どいてよォー。長嶋さんのところへ行くんだから』……いい根性してるねえー」

あほな。あほな話になったから受けた。巨人は勢いに乗った。

八月二九日、抑えのマリオが好投して、三対二で広島を破り、ゲーム差はなくなった。

八月三一日、落合が左手に死球を受けて骨折したが、松井が打つ。それから一進一退のもみあいののちに、九月一八日に首位に立ち、そのまま突っ走った。松井三八号、松井の故郷石川県の県都金沢の繁華街、片町の家庭料理の店では、振る舞い酒である。

一〇月六日、巨人は、ナゴヤ球場で中日を破り、リーグ優勝を決めた。長嶋は宙に舞った。メークドラマは完結した。ファンは三カ月間にわたるスペクタクルを見終え、改めて酔った。

MVPは松井秀喜。新人王は仁志敏久、まだまだトップバッターには徹していなかったが、巨人軍から新人王が選出されたのは、なんと一三年ぶりのことだった。長嶋は、

「さあー、次はピッチャーの若返りだ」

と言った。

日本シリーズは、オリックスとの対戦となったが、一勝四敗で敗れた。勝ったオリックスの田口壮は、表彰式のためにマウンドに並んだとき、まだグラブをはめていた。勝利するチーム

はこうだ。

五戦の試合前の練習が終わりに近づいたとき、巨人の控え選手には白い歯が見えた。まなじりを決して……という趣はなかった。先ほどから控え選手のことをいっているが、激戦になったときに勝負を決めるのは、控えの優劣である。

娘・三奈への思い

平成九年、オープンしたナゴヤドームで、三月二六日から一二球団のトーナメント大会が始まったとき、調査に来ていた西武のスカウト毒島章一（テレビ朝日）がいみじくも言った。

「プロ野球は、今年が編成元年ですねぇー」

中日のように、広くなった本拠地球場に合った、チーム編成を考えなければならない球団もあるし、ダイエーのように、新旧交代を更に進めなければならない球団もある。

巨人は前年かぎりで、落合との契約を更新しなかった。もう四三歳である。アメリカでは三〇歳を過ぎた選手は、一年たつと、二年たった……と野球年齢を数えている。

巨人はFA宣言をした西武の清原和博を加えた。ちょうど三〇歳。難しい年齢である。清原に本当の輝きがあったのは、西武に入団した第一年だけである。

巨人で彼が活躍できるかどうかは、過去を捨て、どれだけ練習に打ちこめるかにかかっていた。ここ数年、ホームランは打っていたが、内角球をたたいて、三塁キャンバス上を破るような痛烈なヒットはなかった。

七月七日、巨人軍北海道シリーズの前日練習の札幌圓山球場を再訪した。長嶋が「メークドラマ」と叫ぶきっかけとなった広島連戦から一年になる。

ペナントレースは、ヤクルトが突っ走っている。巨人は五月なかばに五連敗。五月末から六月初めにかけて六連敗。投手団の微妙な沈下が始まっていた。七月六日で最下位。一五ゲームと水をあけられていた。

練習が終わると、長嶋はベンチ奥の控室で、中日とのシリーズ二日間の札幌の天気を心配していた。

「予報はどうですか」

ファンは稚内からも函館からもやって来る。昔、試合前に雨が激しく降りだした話になった。グラウンドが光り出す。間もなく田圃《たんぼ》のようになる。開催担当の、普及部の林新衛がグラウンドに出る。林は、昭和一一年入団の巨人軍の外野手である。

練習を中断し、ベンチに引き揚げていた選手たちが、はやし立てる。

「林さんが出て来たぞォー、それ！　晴れたぞ」

ベンチはどっとわき、グラウンドに飛び出して、キャッチボールを始める。雨がやんだわけではない。林が空を見上げたからといって、晴れるわけがない。

「そう、そう」

長嶋は、はやし立てた坂崎一彦や、十時啓視らの姿を思い出したのか、楽しそうに笑った。当時の選手たちは、巨人軍はめったなことでは決して試合を中止にはしない、むしろそれを誇りにさえ思っていたから、雨のなかで――晴れたぞォーと叫んだのである。

「あの、雨のなかのキャッチボールが、お客さんに喜んでもらえましたねェー」

と、言ってから、長嶋はひょいと、話を変えた。

「ところで、放送の事故というのは、どういうときに起こりますか」

思ってもみないことであったので、

「えっ！」

と聞き返した。

「三奈が……」

と、長嶋は言った。一度、ユニホームを着て、グラウンドに現れたら、現役時代から決して家族のことなど、口にしなかったこの男が、こう言ったのである。

娘さんの三奈さんである。テレビ朝日でスポーツを担当している。一生懸命しゃべっている。明るい。それに、敬語が多過ぎることもなく、少なくもなく、見事だ。私も彼女のファンである。

「三奈が、大きな事故を起こさなければいいが……と、それが心配でしてねェー」

さっと、風が吹き抜けるように、長嶋はそう言った。父親の、特に娘への思いは格別であろう。明日からの連戦には、女性キャスターも大勢やって来るであろう。

□　□

九月になって、巨人軍はやっと五位に上がったが、一五日、首位との差はとうとう二〇ゲームになった。

九月一八日、フロント人事が発表された。読売新聞西部本社、編集局長、山室寛之が、代表補佐へと発令された。巨人軍最高経営会議が危機と見て、彼を送ったのであろう。いずれ代表になり、チームをたばねることになるであろう。スポーツ新聞各紙は「読売、最後の切り札」と書いたが、ちがいなかった。九州で、「さよなら平和台球場」の連載が始まったとき、私は彼の野球への思いに触れていた。

昭和五六年夏だったろうか。当時社会部記者であった彼と、大阪で偶然のことから会ったことがある。彼はちょうどたけなわであった高校野球の、健気な球児たちを語った。会ってから別れるまで、甲子園の話ばかりであった。

その後、読売新聞本社の広報部長であったときに、東京ドームの記者席で短い話をしたことがある。

彼は不死鳥のように再起した吉村をたたえてから、

「二軍の松岡がいいですね」

私は驚かされた。松岡正樹は平安高校から平成四年に入団したキャッチャーであるが、からだが小さく、二塁手に転向したときには、もうファンからも忘れられかけていた。が、松岡はポジションはどこでもいい。ボールを追うのがうれしくてしょうがないと、二軍育成コーチ江藤省三のノックの打球に突貫していた。多忙であるはずなのに、松岡までも見ていたのか。

「松岡は野球が好きです」

と彼は言った。短い言葉に、この人の野球観がいい尽くされていると、思えた。

そういえば、巨人軍の母体となる昭和九年の日米野球の全日本の主将、函館オーシャンの名捕手、名監督、久慈次郎は、全日程が終わると、「ルース、ゲーリッグらは本当に野球が好きだ。大リーグを倒すにはもっともっと野球を好きになろうよ」と、ナインに呼びかけている。

私はこのあと、平安の監督北村健一とコーチ木下寿浩に、山室の話を伝えた。『ありがとうございます。これからの生徒指導に勇気が出ました』と、返事があった……。

着任したこの代表補佐は、打撃練習に、ニューボールをおろしてから、打っても飛ばなくなるまで、何日保《も》つかを点検していた。経済効果も計ったのであろうが、巨人の選手がどれほどその打撃で、ボールを力強くたたいているか、そうでないか、的確につかんだであろう。九州大学のときは野球部キャッチャーである。

その秋、巨人は編成部長を兼務した山室の指揮で、慶応義塾大学の外野手、六大学通算二三ホームランの高橋由伸の獲得に成功した。

慶応義塾大学野球部監督後藤寿彦は、高橋が入学してくると、塾の将来をになう選手と見定めたが、三年生になるまで、意図的に一言も話しかけなかった。一人で学び、はい上がって来た選手である。後藤の大きな本当の意味の教育であった。

三年生になった平成八年春のリーグ戦で三冠王になったが、その後のプレーにスターぶったところは一つもなかった。彼のプレーは野球を野球らしくしていた。巨人はようやく将来の基幹選手を獲得した。

先ほど成功したといったが、前に話したように、巨人は平成五年に小久保の獲得に失敗し、平成八年にはスカウトの不手際から、同じ青山学院大学の遊撃手井口の獲得にも失敗しているから、そう言っていいであろう。

□　　□

平成一〇年、デビューした新人高橋由伸は、ベンチを飛び出すと、四四ストライドで東京ドームのライトの守備位置についた。大きなストライドである。野球への喜びを運んでいる。定位置が近づいても歩くことはなかった。守備を終え、ベンチに帰ってくるときも、四四ストライドであった。彼の心映えである。そして、凡打でも一塁に疾走した。たとえば四月八日、東京ドームでの広島二回戦では、レフトフライ、セカンドゴロ、セカンドゴロであったが、高校球児のように走っていた。山室はキャンプのときから、コーチをとおして、全力疾走を呼びかけていた。高橋はこうであったが、全選手に徹底するにはもう少し時間がかかりそうである。

平成一〇年六月、代表に就任した山室は、たとえば広島遠征の三連戦が終わると、翌朝、前夜がナイターであったのに、新幹線一番で帰京し、一〇時過ぎには球団事務所に戻り、執務を続けていた。

□　　□

巨人は開幕から五連勝した。しばらくして、中日・広島・巨人の争覇戦になった。

コーチが、長嶋に伺いを立てた。

「相手ピッチャーの球の握りが全部見えます。バッターに次の球種を教えましょうか」

長嶋は、きっぱりと、しりぞけた。

「その必要はない。どこへどんな球が来ても対応できる選手を育てろ！」

新時代への助走とも言えたが、巨人がそれ以上勝ち進めなかったのは、前半順調に勝星をあげていた趙成珉が、オールスターゲームの登板中に、ヒジの痛みを訴えてマウンドを降り、後半戦の戦列から離れてからである。趙は前のフロントの時代に八年契約で入団していた選手である。複数年契約の選手は、監督の用兵を安定させるが、逆に苦しめることもある。広沢は五年契約の選手だった。

七月三一日、ガルベスが阪神戦で判定に激昂《げっこう》し、審判にボールを投げつける事件を起こした。

ペナントレースと日本シリーズは、〈マシンガン打線〉と〈大魔神〉佐々木主浩の横浜ベイスターズの優勝で閉幕した。

巨人は秋のドラフトで一位・二位に、大阪体育大学の投手、上原浩治と、近畿大学の遊撃手、二岡智宏を指名（逆指名）して獲得した。チームの骨組みがやっとできた。

□　　　　　　　　　　□

平成一一年、パ・リーグは新人松坂大輔でわいた。セ・リーグは、中日があれよあれよという間に、一一連勝をやってのけた。投手力がものをいった。

巨人は順調なスタートを切ったと見えたが、四月二八日から六連敗。斎藤が出遅れ、桑田におとろえが見える。中継ぎも崩れた。

健闘したのは上原である。この新人はマウンドで思い切って投げ込む。打たれたらどうしよう……などと思っている気配もない。

上原は一五連勝を含めて、二〇勝四敗。この年の投手部門のタイトルを独占し、新人王、沢村賞にも輝くのであるが、そうであっても、巨人軍はまだ発展途上チームといってよかった。たとえば、内野陣はアウトを取るたびに、鋭く強く、アウトを取った喜びをボールに乗せてぐるりと回し、それいけ！　とピッチャーに返球していない。

途中、だれか一人ふんわかと投げると、身勝手な選手に見える。ファンは熱演を待っている。二岡の成長が待たれた。

九月二八日、中日が神宮球場で優勝を決めた。巨人は二位であった。高橋が松井を超える九七打点をたたき、打率〇・三一五。終盤大飛球を追ってフェンスに激突するほどの闘志を見せた。彼は今も試合後東京ドームに居残り、毎晩打ち込みをやっている。

パ・リーグではダイエーが優勝し、日本シリーズにも勝った。監督王の母校、早実は試合前の先攻後攻を決めるジャンケンに勝つと、必ず先攻を取った。一気に猛襲しようというのである。王には烈々たる思いがたたき込まれている。球団の無理解のなかで、王は選手を叱咤《しった》しつづけ、若い投手団と攻撃陣を育てた。王は日本シリーズON対決の準備を先にすませた。

最後までベストを

FAで、工藤、江藤を加えた平成一二年のキャンプが始まると、背番号「111」番、バッティングピッチャー伊藤優がウキウキしていたが、休日に宮崎市内の「鰯屋」にも、一度も行かなかった。

伊藤はON砲が結成された昭和三八年、長野県松本で生まれ、幼いときに父親を失っている。「少年野球があったから、さびしくありませんでした……」と言うが、塩尻の信州工業に進み、監督大輪弘之に育てられた。大輪が、この教え子が心配で宮崎にやって来ると、休日に直立不動の姿勢で出迎えている。

社会人野球の東芝府中で三三勝。ロサンゼルス・オリンピック候補選手にもなった。昭和六一年、ロッテに入団。すぐに五二試合に起用された。防御率二・五七。在団五年、平成三年に巨人と契約し、今の仕事についた。彼は長嶋監督は雲の上の人であるから別格だが、恩師大輪の次に小俣を尊敬している。

「オーイ、うちの監督が総理大臣に勝ったぞォー」と叫んだからである。

もちろん、伊藤も、明日の仕事を思って寡黙な男なのであるから、ウキウキしているのは珍しかった。

ほかでもない。グラウンドの片隅で、打撃練習に次に投げる順番を待っていると、長嶋監督が、

「今のプレーはいいプレーでしたねぇー」

と話しかけてくれるのである。いつも話しかけ、友だちになってくれるのである。

「これからブルペンへ行くんだ。上原は今年もいいよ。そう、これから、今年入った高橋尚成が投げるんだ。彼も東芝だろ。あっそうか。同じ東芝でも府中だったのか。おい、一緒に見に行こうよ」

ピッチャーの投球練習場に一緒に行けるわけがなかった。が、伊藤はうれしかった。伊藤はブルペンに向かう長嶋の後ろ姿に黙礼しながら、

「長嶋監督は本当に野球が好きなんだなぁー」

と、つぶやいていた。

そういえば、砂押邦信がしみじみ、言ったことがある。

「わたしがお預かりした立教大学の学生のなかで、長嶋茂雄がいちばん野球が好きでした」

□　□

平成一二年九月、優勝が近づき、選手会長桑田真澄がナインに、優勝旅行はどこがいいか、希望を聞き始めていたとき、私は室蘭で小野秀夫と会っていた。北海道には秋が来ていた。

小野は感慨深げに回想した。

「長嶋を砂押さんのところに連れて行ったとき、あれほどの大選手になるとは思いませんでした。振り返ってみると、わたしは長嶋のご両親のお人柄に惚れたんですねえー」

□　□

九月二四日、巨人は優勝を決めた。長嶋は「最後の最後までベストを尽くす……。それをまた学びました」と述べた。

○対四の劣勢から、九回裏、同点満塁ホームランを放った江藤の打撃も、サヨナラホームランを放った二岡の打撃も、「第四打席」でのことである。

一〇月七日、王貞治が福岡ドームで宙に舞った。新しいON時代への、はなやかな舞踏である。

＊参考文献

□毎日新聞社編集「選抜高等学校野球大会50年史」毎日新聞社　日本高等学校野球連盟刊　昭和53年9月
□朝日新聞社編集「全国高等学校野球選手権大会70年史」朝日新聞社　日本高等学校野球連盟刊　平成元年6月
□編集（財）埼玉県高等学校野球連盟30年史編集部「埼玉県高等学校野球連盟30年史」発行（財）埼玉県高等学校野球連盟　昭和53年6月（非売品）
□篠丸頼彦編「校史　千葉県立佐倉高等学校」発行所千葉県立佐倉高等学校　昭和36年5月
□明治神宮外苑編集「半世紀を迎えた栄光の神宮球場」発行人伊丹安宏　昭和52年11月
□発行者東京六大学野球連盟「野球年鑑」発行所東京六大学野球連盟（非売品）
□発行人梅島貞「都市対抗野球大会40年史」（非売品）発行所日本社会人野球協会、毎日新聞社　昭和44年12月
□日本野球連盟50年史〈1949―1998〉編集日本野球連盟50周年記念誌編集部会　小野秀夫、松永怜一、川崎孝、川島勝司、池田善吾、二階堂昭雄、山本俊一、渡部節郎、相野田虹二、玉置通夫、発行所日本野球連盟　1999年7月
□発行者本多正栄「熱球・北の軌跡、社会人野球物語」毎日新聞社北海道支社刊　平成4年5月
□田中茂光編集兼発行者「定本・プロ野球40年史」報知新聞社刊　昭和51年1月
□東京読売巨人軍50年史編集委員会編集「東京読売巨人軍五十年史」東京読売巨人軍刊　昭和60年9月
□編集者宇佐美徹也　編集人守屋健郎　発行人堀内稔「ON記録の世界」読売新聞社刊　1983年8月
□宇佐美徹也著「宇佐美徹也の記録巨人軍65年」説話社　2000年4月
□編集（社）日本野球機構IBM、BIS、データー本部「日本プロ野球記録大百科」（社）日本野球機構刊　平成3年3月
□編集人小柳幸郎「日本シリーズ40年激動のドラマ」日本スポーツ出版社　平成元年11月

□発行人森本昌孝「南海ホークス四十年史」発行、株式会社南海ホークス　昭和53年9月

□編集中国新聞社「V1記念広島東洋カープ球団史」発行株式会社広島東洋カープ　昭和51年6月

□八木一郎著「誇り高き大リーガー」講談社　昭和52年9月

□EDITOR JOSEPH LREICHLER「THE BASE-BALL ENCYCLOPEDIA」MACHILLAN PUBLISHI G COMPANY (NEW YORK) SIXTH EDITION 1985

□日本放送協会編集「放送五十年史」日本放送出版協会　昭和52年2月

□中部日本放送編「民間放送史」四季社　1959年12月

□監修有沢広巳　編集山口和雄、服部一馬、中村隆英、宮下武平、向坂正男「日本産業百年史（上）（下）」日本経済新聞社　昭和42年4月

□今村武雄編「巷談　戦後経済二十年史」荒地出版社　1964年8月

□編集岩波書店編集部　写真岩波映画製作所「岩波写真文庫225　室蘭」岩波書店　1957年5月

□この他、以下についても参考にさせていただいた。「日本経済新聞」「北海道新聞」「毎日新聞」「朝日新聞」「読売新聞」「日刊スポーツ」「スポーツニッポン」「報知新聞」「東京スポーツ」「夕刊フジ」（なお、自著については省略した）

著者略歴

越智　正典（おち　まさのり）

1928年生まれ。早稲田大学政治経済学部卒業。NHK、日本テレビでアナウンサー・運動部長を務める。東京運動記者会会友。主な著書に、「ジャイアンツの歴史」（恒文社）、「素顔の大リーグ」（恒文社）、「ひとり淋しき名監督」（ダイヤモンド社）などがある。

実況《じっきょう》 長嶋茂雄《ながしましげお》

2000年11月1日　第1刷
2025年7月5日　第2刷

著者…………越智正典《おちまさのり》

発行人………山本修司

発行所………毎日新聞出版

〒102-0074
東京都千代田区九段南1-6-17　千代田会館5階
営業本部　03(6265)6941
図書編集部　03(6265)6745

印刷…………精興社

製本…………大口製本

ISBN　978-4-620-31477-8